U0079502

大樂文化

大樂文化

大樂文化

大樂文化

大樂文化

說話可以犀利但要帶點「甜」！

23 招教你，把「我拒絕」
說得像「我接受」的情商智慧！

何亞歌◎著

★熱銷再版★

Contents

第4章 如何把「我拒絕」說得像「我接受」的回話智慧 143

Contents

第5章

如何把「罵人」說得像「稱讚」的教導技巧

推薦序

這麼說，話可以犀利「去冰」，又帶甜度

嚴選娛樂（Select Entertainment）CEO行政總裁／顏卉婕

還記得小時候學會的第一個字嗎？大部分的人可能是Ma或是Dada，僅僅一個簡單的字，就足以讓爸媽開心一整天。我們孩提時牙牙學語的話，總是能把歡樂帶給其他人，然而漸漸長大，會說的字句越來越多，卻遠不如第一個字帶來的效果。

這是為什麼？在成長的過程中，我們累積經歷轉化成價值觀，漸漸形成表達語言的習慣，**說話在無形中成為別人理解我們的方式之一，但大多時候，我們的表達方式卻喪失小時候天賦的超能力：帶給別人開心。**

《說話可以犀利，但要帶點「甜」！》這本書，推薦許多實用的方式，讓我

們回到原點，重新審視自己，話要怎麼好好說？說出口的話會帶給別人怎樣的感受？明明不是壞人，為何說話偶爾會成為一把劃在別人心口上的刀，造成不必要的傷疤？

從怎麼說話開始，找回初心

在成長的過程中，多數人會從長輩身上、從教育裡，把簡單的單字漸漸組成更複雜且社會化的詞句。社會、學校無可避免充斥著形形色色的「比較」，舉凡讀過的文章、教過的朋友、看過的新聞等等，一般人往往更看重他人有的、專長的，卻不曾重視「已經擁有」的美好。會出現這樣的行為，歸根究柢其實是忽視了自身的價值，往往只看到自己缺乏的事物。所以，適時審視這樣的自己，調整方向、改變態度，人生也會有所改變。

我們無法改變別人，但卻能讓自己成長。正如蔡康永曾經在節目《奇葩說》中分享的這段話：「**如果你不斷地在追求要開心，其實你一點都不開心，我們人**

最終追求的，應該是平靜。」社會一直不斷告訴我們要有「上進心」，於是許多人忘了，人生除了上進心，還應該有平常心及開心。

「自我暗示」和「學會享受生活」，同樣是讓一個人成長的重要因素，也是我最喜歡的兩點。當我們懂得尊重自己、保持平靜，說出來的話便不會成為尖銳的武器。回歸自己的初心，鼓勵及尊重別人，自然可減少因「比較心」的影響，而說出超乎自己想像的話語。

我們尚未結業，仍在上這堂必修的社會課

當然，這個功課不是一朝一夕可以完成。卡內基說：「待人就像挖金子，如果你要挖一盎司金子，就得挖出成噸的泥土。可是你並不是要找泥土，而是找金子。」一只打算在人事中尋找錯誤，將會找到很多缺點，所以必須找出每個人的積極面及優點。

我曾經在商業週刊看過一篇文章，內容提及「在最脆弱的時候放下面子」。

說話可以犀利，但要帶點「甜」！

當我們是小孩時，從來沒有思考過什麼是面子，因為我們不怕犯錯，是最勇敢探索這個世界的勇士。

當一個人能夠重新回到原點、回歸初心，並不斷審視自我，相信說話不但可以犀利，還能更進一步要求「半糖」、「去冰」。

前言
這年頭，口才能決定你的命運！

俗語說：「口才決定命運。」你怎麼說話，就會有什麼樣的人生。伊索寓言》中更寫道：「舌頭能說出最動聽的話語，讓人心花怒放；舌頭也能說出比毒蛇還惡毒的語言，傷害別人的性命。」可見得，言語在人際交往中擁有巨大無比的影響力。

從前，所有鳥類都住在同一座森林。眾鳥一致認為，貓頭鷹最具備當王的條件：牠有一雙非常特別的眼睛，夜視的能力很強、頭上的冠羽小巧玲瓏，而且身形比其他鳥兒莊嚴。

貓頭鷹春風得意、昂首闊步地邁向王座。忽然，烏鴉說：「貓頭鷹根本不配當王！人類公認牠是不吉祥的鳥，牠頭上看起來非常美麗的羽毛，實際是一種惡兆。牠的眼睛、嘴巴之所以是黃色，是因為曾偷吃母親的食物而遭到懲罰。」烏鴉這番話讓貓頭鷹的榮耀落空了，從此雙方結上深仇大恨。

這則寓言故事裡，烏鴉與貓頭鷹僅僅因為幾句話，就生生世世成為仇家。可見得，我們在與人相處時，說話一定要小心謹慎，別因為不必要的惡語而無端結下仇怨。

在生活中，很多人往往不懂得妥善運用自己的語言，甚至毫不在意，卻不曉得等待自己的是朋友選擇離去、親人黯然神傷、戀人無法忍受而分手……

那麼，該怎麼說話才不會讓自己出口傷人，變成眾人討厭的對象？歡迎你閱讀本書，拿到以下的「旺福運」星星糖！

★收起壞心情，做個能好好說話的人。

★把「我拒絕」說得像「我接受」一樣好聽。

★如果他「做錯」了，你千萬別「說錯」了。

★向別人提出建議時，把良言說到心坎裡。

★學會做個人見人愛的「和事佬」。

★會說更會看，練就察言觀色的本領。

★利用幽默擺脫尷尬的處境。

★惡語傷人後，會真誠地道歉。

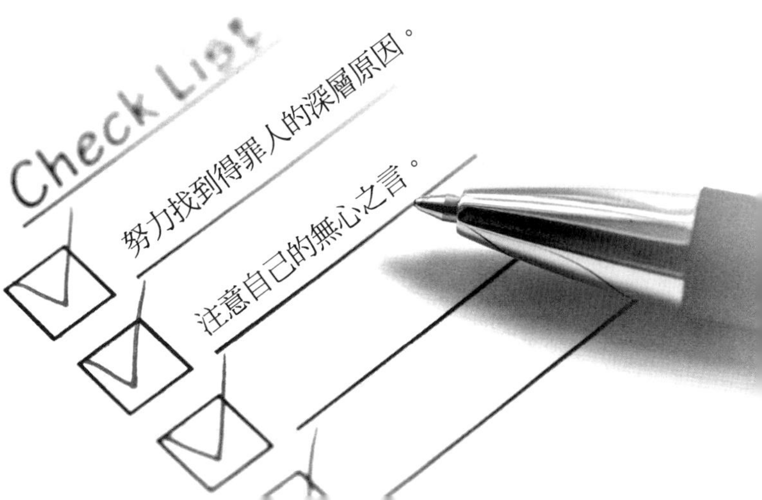
Check List
努力找到得罪人的深層原因。
注意自己的無心之言。

第 1 章

說話犀利的人，加點「糖」讓貴人運更強

你怎麼說話，會影響人生磁場的好壞

好話一句，像口出蓮花；惡言一句，如口吐毒蛇。現代社會節奏快速、人心浮躁，「有話不能好好說」的現象，像是說話太倔太直、熱衷反對質疑、喜歡揭短抬杠等等，似乎成為現代人的通病，讓生活隨時充斥著火藥味。

好無辜，一開口又得罪人了……

有些人好像身上長滿看不見的尖刺，常對別人惡言相向，看誰都不順眼。他們喜歡說三道四、出口傷人，給人的印象總是負面、消極又令人厭煩。

戴爾是某間髮廊的新進設計師，他工作很熱誠，唯獨有個壞習慣，就是口沒遮攔、一開口惹人不快。他不想丟了工作，所以幫客人剪髮時，索性盡量不開口說話。有位髮廊常客聽說這件事後，很想見識一下，特意在剪髮時指定他。

「男友說，我把頭髮剪短一半就很像安海瑟威欸。」女熟客一邊照著鏡子、一邊逗戴爾說話。

「嗯，臉再切小一半的話，看來差不多。」戴爾說道。

女熟客一聽就火大了：「我看，你還是別幹這行了，換個工作吧！」

戴爾摸了摸她的頭，說：「那怎麼行！我不幹了誰來收拾妳這玩意？」

戴爾當然不是什麼惡人，但心地再怎麼善良，嘴巴常常不饒人也會讓人非常厭煩。所以，下次很無辜地自嘆怎麼又得罪人、真是冤枉時，記得先審視自己是不是在說話時傷到人？

●評價朋友的品味：

「你今天這身打扮這麼紅不讓，是要去喝喜酒啊？」

●評價同事的工作：

「你把表格看得好仔細啊，慢工出細活嘛，三個月剛好看完一張表……」

●安慰朋友：

「算了吧，你做不到是正常的，別去想了。」

●和父母吵架拌嘴：

「你們又不懂！別管我啦！」

●和戀人鬧矛盾：

「我絕對是眼瞎了，才會看上你。」

●教育孩子：

「你怎麼這麼笨！到底像誰？」

通常大多數的人在惡語傷人後，會拿「自己無心」當擋箭牌。但試想，若有個人嘴上說「我對你沒有惡意」，卻屢次惡言相向，你應該會很討厭對方。因此，盡量讓自己的言語和身體跟隨善意的心，避免傷害別人。

別忘記，利刃割體容易癒合，惡語結怨很難化解，而置身事外、不站在對方角度去設想的態度，更會讓積怨生根發芽。以下這個《伊索寓言》裡的故事，足以讓我們瞭解語言的殺傷力。

伊索的主人讓他去買世界上最好的東西。伊索買回的是舌頭。主人又讓他去買世界上最壞的東西，伊索買回的依然是舌頭。主人深感不解，伊索解釋說：「舌頭能說出最動聽的話語，讓人們心花怒放；舌頭也能說出比蛇還惡毒的語言，傷害別人的性命。」

正如伊索的理解，凡事都有兩面性，語言更是一把雙刃劍，相同的意思透過不同的態度和措辭，帶給別人的感受自然大不相同。一個人的心靈常反映在語言和行為上，若總是把「我很單純，有什麼說什麼」、「沒想到你是這麼想，不能怪我……」掛在嘴邊，會讓人感到心灰意冷。那麼，想有效降低語言的殺傷力，具體上該怎麼做？

1. 學會縱向比較

什麼是縱向比較？它是指一個人與昨天的自己比較，找到長期的發展變化，以進步的心態鼓勵自己，從而建立一套「希望體系」。

英國心理學家調查一萬人的快樂程度與收入的關係後發現，雖然收入與快樂在某種程度上息息相關，但人們更看重自己與他人比較的結果。也就是說，財富在某種程度上決定個人是否快樂，而影響心情的更大因素在於，自己的財富是否比周圍的人來得多。

事實上，盲目地與他人比較，容易造成心理不平衡，而不平衡的心理使人處於極度不安的焦躁、矛盾、激憤的情緒中，甚至說出傷害別人的惡語。

隨著競爭日益激烈，很多人看到周遭其他人的優秀時，往往將自己與他人做比較，也就是陷入橫向比較的誤區，而忽略縱向比較，導致煩惱無盡，甚至將心中的不平不滿發洩在親朋好友身上。如果懂得縱向比較，就能更清楚地認識自己，保持內心平衡，更容易獲得幸福和快樂。

2. 自我暗示

簡單來說就是自我肯定。透過對個體預期目標積極敘述，實現腦中堅定而持久的積極認知，擺脫陳舊、否定性的消極思維。**自我暗示是一種強而有力的心理調節技巧，能在短時間內改變一個人的生活態度和心理預期，增強心理承受度**。具體表現為帶有鼓勵性質的語言、符號及動作，例如：當看到別人比自己好時，在心中默念「其實我也很好」這類的語句。

3. 確立正確的目標

盲目比較會擾亂原本幸福快樂的生活，因此我們要為自己尋找一個方向，確立一個久遠的目標。一旦確立目標，就如同在心中點亮一盞明燈，自然會生出調節和支配自己行動的信念，努力朝著既定方向奮進。

4. **自我發洩**

根據諸多的心理學研究發現，「怒而不宣」的狀態會摧毀身體正常機能，導致體內毒素滋生，使人變得抑鬱、消沉。適當的發洩能排除內心的怒氣，使人重新鼓起生活的勇氣。發洩的方法有很多，例如：向朋友或家人傾訴；獨處時怒吼；對著某物打上幾下等等。

5. **尋找港灣**

每個人在生活中都需要有個讓自己充電、休養的港灣，在此寧靜之地及時得到休整。它可以是一間充滿花香的屋子、一個深造的培訓班，或是一次獨來獨往的旅行。

6. **心底無私**

主宰你命運的人是你自己。志向遠大的人要為自己樹立科學的世界觀、人生觀，經常思考並反省自己的作為，自重、自省、自警、自勵。俗語說：「心底無私天地寬。」做好自己就是最大的勝利，能獲得最大的安慰。

7. 享受生活

生活是美好的。命運有時會在不經意間和我們開個玩笑，讓我們跌一跤，但在跌倒的地方放置一塊金子。所以，要學會體會生活的美麗，享受自然的恩賜，欣賞別人的優點，並肯定自己的長處。

8. 回歸自然

煩悶時不妨到外面散心、回歸自然，看看蔚藍色的天空、潔白的雲朵，聽聽潺潺的流水、婉轉的鳥鳴，讓內心慢慢趨於平靜。有時候，快樂會在不經意間湧上心頭。

這樣說話，你將從討人厭變可愛

為什麼會被當成壞人、大反派？有時不一定是因為心地不夠善良。不懂溝通的原則、語言的藝術，或是與別人聊天時過度隨性、不拘小節，甚至不注重口德，不考慮別人的感受，才是使印象分數扣光的罪魁禍首。

因為太習慣用錯誤的方式表達態度及想法，一般人常忽略無形中一落千丈的個人形象。其實，定義一個人的不是別人的主觀認定，反而是所說的話決定自己是個什麼樣的人。一言一語才是別人能判讀我們的依據。出自佛經中的這則故事，最可以說明這道理。

從前在舍衛城中，一名叫蜜勝的比丘和其他比丘們外出化緣，途中因為天氣炎熱，眾人都覺得十分口渴。正在煩惱時，蜜勝將空缽往空中一拋，等再用雙手去接時，缽中已盛滿蜜糖。眾僧於是得以解渴。

回到精舍後，有位比丘不解地向佛陀請教。佛陀回答：「很久以前，曾有一隻猿猴向我求借缽具，然後裝滿蜜糖來供養佛和僧眾。因牠的良善和誠心，死後轉生為人，即是如今的蜜勝。前世的因，讓他今世可以隨時隨地都能夠得到蜜糖。」

比丘又問佛陀：「蜜勝的前世，又緣何生為猿猴？」

佛陀說：「蜜勝前世乃是一位青年比丘，他看見另一位比丘跳過小溪時的姿態，嘲笑他如猿猴不雅，犯了惡語的罪，所以墮生為猿猴。猿猴知錯，遇佛得度，今生又再次轉生為人。」

青年比丘因為口無遮攔，在下一世墮生為猿猴，又因為知錯能改，在今生再次為人，得以在佛陀門下修身養性。

這個故事的寓意正是警醒不懂得嘴上積德的人，惡語傷人最終會損害自身利益。因此，想塑造良好的個人形象，受到別人尊敬和看重，首先必須懂得如何把話說得更好聽。即使沒有口吐蓮花的本事，最起碼不能一開口就傷害別人。

著名的才女作家三毛，在讀初中時作文極好，但數學很差，幾次考試都不及格。為了父母和老師，三毛硬生生把數學題目死記硬背下來，結果三次小考，她的數學都得到滿分。但是，數學老師十分不屑地對她說：「數學蠢材怎麼一下子成了數學天才，肯定是作弊了。」

這個倔強而敏感的女孩，直言不諱地說：「作弊對我來說是不可能的。

就算你是老師，也不能這樣侮辱我。」聽到這樣的話，老師氣壞了，於是單獨發給三毛一張她根本沒有學過的方程式試題。結果可想而知，三毛當場吃了鴨蛋。

這件事情對三毛傷害很大，從此她休學在家，自閉七、八年，並養成悲觀、敏感、孤獨的性格。由此可見，惡語的危害之大，不僅在當時讓對方難以接受，甚至帶來一生難以癒合的創傷。

不想當砲灰，練成這兩招百毒不侵

有位學員曾向我訴說自己的處境，他這麼形容工作職場：「在辦公室叢林中，主管、同事不是人身攻擊就是暗放冷箭，想避都避不掉。」剛開始，他覺得工作上競爭，誰有能力就可以大聲嚷嚷，誰有權力就可以惡言相向，但沒過多久，他的想法改變了，心中產生「要走或要留」的矛盾。

我與他分享自己過去在一家外貿公司上班的經驗。當時的外籍主管較沒耐心，常常板起臉孔、破口大罵，斥責部屬能力太差。同事們都受不了他的壞脾氣。有次那位外籍主管甚至當場高聲斥責眾人：「你們這些大學畢業生，書念到哪裡去了?只長肉、不長腦，豬哦！」不少剛畢業的女同事禁不起他的惡語，當場紛紛打算辭職走人。

但是，我和她們不一樣。當主管對著我們大聲嚷嚷時，我保持態度有禮，但有條有理地反駁他的批評。在年終考核上，我得到優良員工獎。關鍵票數正是來自那位外籍主管，理由是我的應對非常得體。

最後，我給那位學員的建議是：「這裡不好玩，別的地方不一定好玩。這裡玩不起來，別的地方也不一定玩得起來。滾石不生苔。」當然，要去或要留的決定權在他自己。

其實，每個人都有要求不受惡語毒話的權利。面對惡語毒話的辦公室競爭，我主張練成兩招百毒不侵的功夫：

第一招：消極應對，練就一身「耳背」功夫，在別人口出惡言時，仍然能活得自在。

第二招：以積極正面的態度，增強說話能力，凸顯自己會說好話的一面，不畏懼挑戰。

《佛經．拘伽利耶經》裡提到：「出生之人，嘴中都長有一把斧頭。愚者口出惡言，用這把斧劈砍自己。」一個人的說話方式，在某種程度上會決定他的人生。要謹記在與人交往時，不要口無遮攔、逞一時之快任意挫傷別人。

別忘記人的舌頭是一把雙刃劍，每個人都應該學會，用最恰當的言辭對待他人，因為口出惡語的代價將是一個失敗的人生。

事出必有因，讓人內傷的不只是狠話……

在生活中，每個人都有自己的生活背景、性格特徵。倘若與人交流時不注意說話的禁忌，勢必會自食惡果。

毒害耳朵的12種「不可說」

1. **粗話、髒話：**語言文明是一個人修養的展現，不禮貌、粗魯的語言，往往在人際交往中造成負面觀感。所以，在與人交流時必須記得談吐要文雅，給對方留下良好的印象。

●**髒話、粗話**：東踏取蜜，三小閉嘴滾啦×××！

●**禁忌語**：「雨傘」與台語「互散」同音；「鐘」與「終」同音，送鐘會使人聯想到「送終」。

●**廢話**：每六十秒，就有一分鐘過去。

●**暴言**：網路上言論就像是廁所塗鴉一樣不負責任。

●**說教**：年輕人最不需要的，就是說教。

●**八卦**：不八卦別人的二手生活，認真過好自己的一手人生。

……TBC，讓我們繼續看下去

2. **禁語、忌語：**世界各地都有不同的風俗或語言習慣，因此與人交往時，要看交談的對象和場合，知道對什麼樣的人該說什麼樣的話，舉例來說，廣東話中「八」與「發」諧音，「四」與「死」同音，廣東人、香港人有「喜八厭四」的習慣，在遇到非說「四」這個字不可時，最好用「兩雙」來代替。另外，參加婚禮時祝新婚夫婦白頭偕老。探望病人時，應說些寬慰的話，例如：「你的精神不錯」、「你的氣色比前幾天好多了」等等。

3. **牢騷、廢話：**每個人的生活都有煩惱，有的人張口就說「我的命運太壞」，閉口就說「我的工作讓我很煩」，將日常生活中的無數小煩惱向別人傾訴，只會引起對方的厭煩。別人沒有義務浪費時間，聽他發牢騷。

4. **暴言：**性格武斷的人總覺得自己是對的，問題出在別人身上。他們常掛在嘴上的口頭禪，是「不要煩我」、「事情本來就是這樣，沒什麼好說的」。倘若要問為什麼或找個解釋，這類人會暴躁地用最短的一句話讓你閉嘴。

5. **說教：**有些人往往因為地位比別人高、年齡比別人大，潛意識裡有優越感，覺得自己比別人有經驗、懂得多，說話時常常會帶著說教的意味。這種人常說的話，像是「你知道我不想干涉你」、「我也許不該講，但是這些話對你有好處」等等，即使是忠告，也常引起對方的逆反情緒而不被接受。

其實，說教者既然要說服別人，就要想辦法讓別人接受自己的意見，因此不能高高在上，要拿出鮮明、生動的事例，讓別人心悅誠服地接受。否則，說得再多也只是空洞的說教，收不到任何效果，反倒讓人產生抵觸的情緒。

6. **八卦：**我們周圍有些人喜歡關注無聊的瑣事，愛探聽別人的秘聞，有時是為了增加閒談的資料，有時是為滿足好奇心。這樣的說長道短是低級趣味，會嚴重損害人際關係。這類人喜歡把他人的軼事添油加醋傳播出去，並以此為樂。試想一下，倘若有人在背後說你的長短，你會作何感想？

7. **自我中心：**這種人說話有兩種特色，一種是自我吹噓，另一種是自說自話。自我吹噓、大言不慚的人往往講起話來有聲有色，但他的故事主題永遠只有一個，就是自己。他幾乎每句話都會出現一個「我」字，這個無限重複的「我」字很容易讓對方失去耐心。習慣吹噓自我的傢伙，到頭來會給人留下淺薄和無知的印象。

自說自話的人往往認為自己感興趣的，別人也一定感興趣。他不管對方是否接受、是否聽得進去，總是自己說自己的，更沒耐心聽對方說話。其實交談是雙方之間的事，應該形成一種交流的氛圍。在與人溝通時，如果過分關注自己，久而久之，別人的回應就是不想理會而且疏遠。

8. **言而不實：**這種人說話要嘛與事實不符，要嘛說一套、做一套，即使說的不見得是假話，但有誇大或虛構的嫌疑。一般人對這種人的話，多半是姑且聽聽並不完全相信。久而久之，言而不實的人會失去人們對自己的信任。

9. **語言刻薄：**有些人特別伶牙俐齒，說話時咄咄逼人、攻擊性很強，常伴有冷嘲熱諷，不給人留情面，實際上他們只是言語刻薄，而被稱為「刀子嘴」。言語刻薄的人往往因為一句話，失去別人的友誼和信任。人與人相處應該平等互愛，為什麼要用刀子似的刻薄言語傷害別人？這與性格、修養有關，言詞刻薄的人通常待人冷漠、自私寡情。所以，我們說話時必須謹慎，開口前先想想是否會傷害別人。言語刻薄將影響交際效果，很難交到真心朋友，對事業有百害而無一利。

10. **自作聰明**：有些人總覺得自己比別人聰明，擺出一副什麼事都知道的架勢，總認為別人說得不好、考慮不周，其實他們的意見也高明不到哪裡，或者根本牛頭不對馬嘴，讓人既好氣又好笑。

自作聰明的人常大著嗓門到處嚷嚷，炫耀自己的本領。面對這種人該怎麼辦？當下最好的辦法就是不言不語，不要說一個字也不要露出任何表情，只當他不在場。這樣做幾次之後，自作聰明的人會意識到自己被無視而閉口。

11. **辯論成狂**：這種人說話只為了與他人辯論，不是為了真理，無論別人說什麼、怎麼說，他都要拿出不同或相反的觀點與別人對嗆，似乎這樣很有趣。這種人被稱為辯論狂。

辯論狂的天性在於使每次交談都轉成辯論，而且在其中從不控制好鬥的天性。「你這錯了」、「啊！那是你造成錯誤的所在」是辯論狂愛說的話語。這樣的人以為任何人都喜歡參加辯論，長期下來，他會嚇跑周圍的朋友。

12. **執迷不悟**：這種人往往十分固執，對於自認為對的意見，無論別人怎麼說、怎麼做，總是很難動搖他的觀點。他們喜歡爭辯，希望鞏固自己獨特的意見，即使顯而易見失敗了，還是不肯承認且固執己見。與執迷不悟的人談話，很難有輕鬆的氛圍。這類性格的人經常在談完一個話題，已轉向另一個話題時，忽然想到要說的話，便打斷交談者的話頭，再回到先前的話題上。他想要說的話也許不是新的觀念或意見，只因為他覺得先前的談話內容不充分、不突出，所以要再講一遍。

要注意執迷不悟與自說自話不盡相同。自說自話的人可能有好脾氣、好學問，說話時顧到前因後果。執迷不悟的人只是一味固執，常常是自私的，自私程度遠超過自我吹噓的人。

絕對會扣分的口頭禪

什麼是口頭禪？一般來說，這是人們潛意識的習慣性流露，也是固定思維模式的結果。我們的口頭禪看起來簡簡單單幾個字，常常會被忽略，然而就是這麼不起眼的幾個字，一旦形成則有頑固的支配力，會牢牢掌控我們的生活，甚至影響命運。

我曾經歷這樣的事。某天，一家上市公司的總經理對我說：「隨著公司業務發展，我上媒體的機會變多，演講時感到壓力很大。」我看了他寄來的演講錄影，發現他的基本問題不少，其中最明顯的就是「這個」、「那個」這類詞語不斷，三分鐘裡竟出現二十多次。然後，我把這位老總過去和近期的演講進行比較，發現他說話越來越格式化，口頭禪越說越猛。

口頭禪並非老總們的專利。有一次，我為一群企業高階主管上課，其中一個學員這樣介紹自己：

「我、那個、在某某公司上班……那個、我、嗯……負責技術，手下有這個、千百個人……對。我的工作是……那個、業務戰略規劃發展，對、嗯、對……」

堂堂的公司高階主管，說起話來「那個」、「這個」、「嗯啊」、「對」個不停，大大地削弱說服力。

不可否認，大多數人都有一兩個口頭禪，它的存在就像習慣動作，當事人一般很難覺察，但它深深地影響一個人的生活和社交，甚至關係事業發展。以下幾個口頭禪需要注意：

1. **照理說**：日常生活中，有些人遇到事情總要爭辯不休，其實天下道理說不完，若開口閉口滿嘴的「照理說」，只會讓人敬而遠之。適度表達真實的想法，比滿口大道理更讓人信服。

2. **這有什麼不敢的**：這句口頭禪充分展現出無所畏懼的勇氣和信心，用於開創事業是一股強大的正能量，但如果經常把這句話掛在嘴邊，反而容易意氣用事，導致不計後果的行動。

3. **有沒有搞錯**：這句口頭禪常伴隨著上揚的語調，會刺激旁人敏感的情緒，實際上也是說話者神經質的表現，原因是想得太多或鑽牛角尖。

4. **你先聽我說：**這句口頭禪充分表達說話者的坦白與直率，但人與人之間的溝通必須是雙向的，否則無法達成交談的目的，若只顧表達自己的想法，忽略對方說的話，會讓他人離自己越來越遠。因此，喜歡發表意見的人要做到適可而止、收放自如。

5. **聽我的，沒錯：**一般來說，這句話的本意是想幫對方走出困境或迷惘，但經常把它掛在嘴邊，且自命不凡，多半不會收到好的效果。

6. **有本事你來：**這句頗有殺傷力的口頭禪，讓說話者顯現出很能幹，但受不了別人質疑的形象。其實強中自有強中手，事事有把握當然很好，可以放在心上，但不需要表現在嘴上。面對別人的指指點點、說三道四，也不必形於顏色。

7. **還是我厲害：**這句口頭禪最具殺傷力，它多半用於成功後的自我安慰和激勵，若把這句話公開講出來，難免會招人忌恨而在身邊樹敵。不管是贏了實力或氣勢，要記住成事在天，首先應該感謝自己的命運和各種人緣。人生處處充滿陷阱和險境，應以小心為上策。

其實，每個人或多或少都有這類口頭禪，到底怎樣才能減少口頭禪，降低其負面影響？在這裡跟各位分享三個小秘技：

1. 短暫停頓

當你張口想說「呃」、「對」、「那個」時，要忍住並吞下這種口頭禪，用無聲短暫的停頓來取代。如此一來可以給聽的人留下消化、理解談話內容的時間，還能讓你有構思、調整的機會，有利於優雅地展現自控力。

2. 自我隨訪

我曾向身邊的朋友提出一道難題：每半個月給我一次一分鐘的微信留言。據說，這招把不少人整得滿頭大汗。你可以回顧自己傳給別人的影音留言，以及自己公開發言或演講的影片，來檢視並規避不良的說話習慣。

3. 便利貼

你可以在個人電腦或電話上，貼幾個「嗯」、「啊」之類詞語的小標籤，隨時提醒自己注意說話的語調和內容。

別再廢話，拒唱自嗨的單口相聲

明初，有個名叫茹太素的刑部主事，寫了一份長達一萬七千多字的意見書。朱元璋叫人唸給自己聽，聽了六千多字還沒有聽出頭緒。怒不可遏的朱元章把茹太素找來訓斥，並下令責打他一頓。晚上朱元璋叫宮女接著往下唸，直到一萬六千多字時，才涉及本題。

這則史料是不是令人啼笑皆非？仔細一想，時至今日，在日常生活中，也常有這種廢話連篇、惹人厭煩的人，不只自己倒楣，也造成別人的困擾。

小郭是個業務員。在他看來，銷售就是靠一張嘴吃飯，能說善道是一項優勢。不論在什麼場合或對象是誰，只要有他在，就不會冷場，因為他太愛說話了。

有一次，營業部因為一筆訂單出問題，召開緊急會議。經理剛說完：

「請大家積極發言」，小郭不等經理點名，立刻開始高談闊論。接下來的十幾分鐘裡，經理幾次暗示他：「簡明扼要說出解決辦法就行」，旁邊的同事也悄悄提醒他「離題了」，但是他依然唾沫橫飛地說個不停。

經理最後忍無可忍，直接打斷小郭：「如果你沒什麼建設性的意見，就把時間留給其他人吧！」當下的場面十分尷尬。

大多數人都喜歡跟他人談自己的經歷，凡是關於自己的事就展現出莫大的興趣，但沒有人喜歡把自己的時間，浪費在毫無意義的廢話中。喋喋不休地推銷自己，訴說自己的故事，不僅不能表現口才，反而令人生厭。一旦過份談論太多，往往會使對方失去興趣。

劉林接洽一位公關公司的女總經理。對方長得十分漂亮，業務做得尚可，經常在海峽兩岸跑，一旦話匣子打開，就滔滔不絕。劉林本身也是業務高手，但他想插幾句話都苦無機會。

飯局中，這位女總經理興致高昂地敘述自己的事業是如何蓬勃，劉林則兩手玩弄著吸管，心中覺得十分無趣。三十分鐘過後，劉林終於鼓起勇氣說：「對不起！待會兒我還有事，我先走了！」

女總經理過多的「單口相聲」，非但沒有達到交換意見、增進情誼的效果，反而讓自己嚐到唱獨角戲的苦果。她只顧表現自己出眾的口才，完全沒有顧及對方的反應。其實，我們不妨想一想，那些自己感興趣的事情，別人也一樣有興趣嗎？

噓，無聲是最高境界的愛

很多時候，傷人的未必是狠話和廢話，嘮叨同樣是感情殺手，尤其在愛情和婚姻中，往往具有極大的殺傷力。

拿破崙三世（拿破崙的侄子）瘋狂地愛上當時最美麗的女人——特巴女伯爵瑪利亞．尤琴，兩人很快就走入婚姻的殿堂。他們的婚姻在外人看來完美而浪漫，但熱情冷卻後，只剩下餘燼。

拿破崙三世可以使尤琴成為皇后，卻無法讓這位美麗的婦人停止嘮叨。尤琴十分害怕丈夫移情別戀，於是想盡辦法跟在丈夫身邊，不給他一點私人時間和空間。當拿破崙三世處理國家大事時，尤琴衝入他的辦公室，與他培養感情，談論寵物和鮮花。當大臣們和拿破崙三世討論政事時，她竟然時不時進去干擾。

尤琴拒絕讓丈夫獨處。一旦拿破崙三世流露出淡漠或不耐煩的神色，她就開始細數丈夫的不好，又說又哭不停地嘮叨。身為法國皇帝的拿破崙三世，雖然擁有整個華麗的皇宮，卻找不到一處安寧的地方。最終，拿破崙三世冷落並背叛了尤琴。

在拿破崙三世與尤琴的愛情裡，嘮叨變成一把傷害對方的利刃，斬斷他們之間最後一絲愛意，讓美麗的女人失去最美好的愛情。

對唱多遍無人看，話說多遍無人聽。再好的話、再有道理的話，重複三遍，都會成為垃圾。有專家發現，婚姻不幸的主要原因之一，就是令人煩躁的嘮叨。所以，有遠見的人一定要改掉嘮叨的壞習慣。

別咄咄逼人，強詞奪理與能言善辯不同

當我們形容某個人「能言善辯」，通常是指對方會說話、談吐很有說服力，能抓住問題關鍵且恰當表達出來。但一個人若是說話滔滔不絕卻言之無物，就只能以「強詞奪理」來形容，而不是「能言善辯」。

強詞奪理不是能言善辯，別混為一談

能言善辯的人讓人佩服，強詞奪理的人只會遭人鄙視。日常生活中，我們一定要謹記能說不是多說，更不是強說。如果說話能改變結果，那麼能言善辯和強

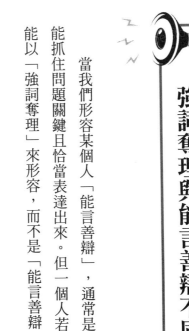

詞奪理，正是會導致兩種相反的結果。歷史上和現實中，就有不少名人因強辭奪理而慘敗的事例。

一九七六年十月六日，在美國總統大選的第一次辯論會，當時要競選的福特總統對於《紐約時報》記者佛朗肯質問的波蘭問題，提出「波蘭並未受蘇聯控制」的回答，並說「蘇聯強權控制東歐的事實並不存在」。這一發言是明顯的口誤，當時立即遭到記者的反駁。

但一開始，佛朗肯的語氣比較委婉，想給福特修正的機會。佛朗肯說：「問這一件事，我覺得不好意思，但您的意思難道是肯定蘇聯沒把東歐化為庸國嗎？也就是說，蘇聯沒有憑軍事力量壓制東歐各國！」

福特如果當時夠理智，就應該順勢承認自己失言並偃旗息鼓。可惜，他覺得身為一國總統，在全國觀眾面前認輸絕非善策，於是繼續堅持、一錯再錯，結果為即將到手的選舉付出沉重的代價。

於是，刊登這次電視辯論會的所有專欄、社論，紛紛對福特的失言做了報導，驚問：「他是真正的傻瓜，還是像隻驢子一樣頑固不化？」福特的競選對手卡特，也乘機把這個問題再三提出，鬧得天翻地覆。

其實，高明的論辯家在被對手擊中要害時，絕不強詞奪理，他們或點頭微笑或輕輕鼓掌，向對方表示：「你講得好極了！」如此一來，觀眾或聽眾反而捉摸不透。讓我們再看兩個反例：

某位「專業幕僚型」的部門經理，很有業務能力，但在評價和安排員工的工作時，卻經常不知所云，要嘛說一些無關緊要的事情，要嘛喋喋不休，結果因此失去了一次晉升的機會。

還有一類人是對自己做的事、說的話不敢承擔責任，反而失去上司和員工的信任。

某家製造公司的部門經理因故被老闆批評，隨後這位經理立即辯解：「一定是底下的員工誤解我的要求，他們應該對這個後果，承擔主要責任。如果您不滿意這個結果，不應追究到我的頭上。」

他的老闆難以容忍這個回答，老闆說：「你承受不了責備，也不能保持冷靜。不管是誰的錯，你都應該努力解決問題，但你的回答中絲毫看不出這一點。」於是，這位經理被免職了。

在這兩個例子裡，當事人都明顯「語商過低」，他們試圖證明自己有很強的思考、評價及解釋能力，卻反而給自己的上司、部屬、合作夥伴和同事留下不好的印象。他們說的話符合強詞奪理的人最顯著的特徵：沒理找理，不斷為自己的錯誤行徑做辯護。

虛張聲勢、強詞奪理，只會加劇他人心中的怒火。所謂以理服人，就是依據事實、把握邏輯，並講求道理。溝通需要用「心」交流，時刻與對方坦誠相待，把自己放在與對方平等的高度上，才有機會贏得溝通時的主動權。

當然，在談話中顯示自己的自信並沒有錯，一個成功者也必須如此，而關鍵在於能否以恰當的方式和技巧來表現，而非自吹自擂。舉例來說，你針對公司舉辦的某次新聞發佈會寫一份報告，得到與會者的好評時，獲得的喜悅和成就感不免會溢於言表，不過你可以讓自己顯得更加沉穩。

簡單來說，你表露自己的成功時，希望表達的資訊是讓他人知道自己有多棒，因此在傳遞這種資訊時，必須坦率簡潔。

其實，一個人的「語商」與他的情商有很大的關係，情商高的人多半能說善道，或是至少能說出重點，表達得令人感覺舒服。所以，提高語商不僅是學怎樣說話，還要有意識地提高情商。

讚美別人時，天花亂墜反而惹人討厭

在生活中，很多人都認為，在與人交談時要多說一些讚美的話，讓對方對自己產生好感，才有機會尋找有利時機，實現自己的目的。在此同時，他們還可能驕傲地說：「讚美的話說得越多、力度越大，效果越好！」

實際上，讚美作為一門藝術，與所有事情一樣要有尺度。孔子說「過猶不及」，讚美也是如此。讚美的力度不夠，不能真正讓對方高興；但讚美過頭，可能會讓人感到肉麻、反感，因此讚美別人時，一定要掌握適度的原則。

天花亂墜的讚譽，其實不好聽

有調查研究發現，太誇張的讚美會產生負面影響。相關專家為此進行一個實驗。他們找來兩百四十位小朋友參與，先請小朋友填寫心理問卷，測量他們的自信心，然後將小朋友分成三組，讓他們畫一幅畫。

畫完後，實驗者刻意極力讚美第一組，給第二組些微嘉獎，對第三組則完全忽略。接下來，實驗者要求這些被讚美的小朋友，再畫一幅更難的畫作。

當實驗者詢問這些小朋友的意願時，他們出現不同反應。專家發現，如果小朋友具有高度自信，熱烈讚美會讓他很興奮，想挑戰下一幅更高難度的畫作。也就是說，讚美讓小朋友變得更有自信。

但倘若小朋友自信心不足，卻給他特別多的讚美，他們反而會抗拒，不想挑戰下一幅畫作。

為什麼自信心較低的小孩被讚美後，反而更沒有自信？進行實驗的專家找到答案：**因為他們聽到讚美後反而有壓力**。對於缺乏自信的小朋友來說，被讚美等於是收到一個陌生的禮物，他們感受到的不是「終於有人看到我很棒」，而是沉重的壓力。

這個實驗給我很深的感觸：任何人隨時都有不少機會讚美別人，但當我們讚美某人時，對方真的領情嗎？

我曾有一個同事說話很小聲、能力平平，當時的部門主管判斷，他可能自信心不足。有一次，他有了一點點表現，主管為了給他信心，特別找一天昭告所有人，他做得很棒。但主管萬萬沒想到，經過那次誇張的讚美，他的表現反而變差了。後來我們才知道，當天他非常慌亂地探問其他同事：「是不是主管要叫我負責更多事情？」

相關專家整理出一個準則：**表面光鮮、能言善道的人，通常很喜歡被讚美，但我們通常最不願意讚美這種人，因為他們已經很自大。**有一些人很明顯就是弱勢，他們長相不出眾、說話小聲，讓人想給他們一點點推崇和鼓勵，但實驗結果告訴我們，過度的讚美可能會變成友情的毒藥、職場的殺手。

麗莎是一個喜歡唱歌的小女孩，父母對她的歌聲感到很驕傲。有一天，父親的朋友到家裡做客，聽說麗莎喜歡唱歌後，當場要求麗莎為他唱一首歌，於是麗莎有些羞澀地唱了一曲。

客人立刻稱讚道：「真是太棒了！麗莎，妳的歌聲可說是全世界最動聽的聲音，我從來沒有聽過這麼美妙的聲音，我的心都隨著妳的歌聲飛到遠方，倘若不是睜著眼睛，還以為是席琳．迪翁站在面前！哦！不，席琳．迪翁的歌聲也沒有妳美妙。」

儘管麗莎希望得到讚美，但客人的讚美讓她感到有些難堪。麗莎說了一句：「我只是喜歡唱歌，根本比不上席琳．迪翁。」結果，客人和麗莎的父母都有些尷尬了。

其實，只要換個說法，像是「哦，麗莎妳的歌唱得真不錯，好好努力，以後說不定會成為另一個席琳．迪翁！」那麼麗莎聽了，就算臉羞得紅了，但心裡也一定會十分高興！由此可見，讚美之詞不可濫用，更不能過度。

否則讚美就很容易變成無腦的吹捧，讚美者不但不會獲得他人欣喜的微笑，反而要吞下陷入尷尬境界的苦果。

一位作家曾經陪自己的業務員朋友，拜訪某個大型超市的經理。業務員見到經理後，便開始不停地讚美經理，將經理的長相、衣著、辦公室的佈置全部稱讚一遍，但最終業務員想要談的事情卻沒有談成。

後來，這位經理對作家說道：「你的業務員朋友真是熱情，但是好像熱情得過了頭，他看到什麼都讚美，讓我感到很不適應。」

我們每個人都喜歡聽讚美的話，這是人類共同的天性，但一個氣球吹得太小不好看，吹得太大又很可能會吹破。同理，真誠地讚美他人，也應該適可而止、恰到好處。不是所有的讚美都能讓人心生喜悅，因此稱讚他人的時候，既要分場合、分對象、還得用恰當的語言才能贏得好感。否則讚美話說得再多，也不可能達到讚美的效果。

有些人誤把讚美轉變成阿諛奉承，像是在職場上整天圍著上司灌迷湯，想藉此討對方歡心，達到自己的目的。有的人讚美時，分不清對象，抓不準特點，讚美的話張冠李戴、誇大其詞，讓被讚美的人聽到後心裡非常不舒服。

讚美是一門學問，要適可而止、注意技巧，要發自內心且實事求是，而非隨心所欲、信口開河。當你讚美他人時，對方應該是你瞭解的人，讚美的話語應該源自對方的優點。如果你準確地用善意、優美動聽的語言，親切自然地讚美對方的優點，既能引起在場者的共鳴、同聲稱讚，又能讓對方感到受之無愧、心安理得。

總而言之，讚美的語言是對他人形體和行為的修飾，要使用得當、恰到好處，並非越多越好。過分的語言、不切實際的讚美，只會適得其反。

讚美來自於誠實，發自於內心，不僅要觀察被讚美者的表象，還要瞭解其內在。而且，要把握尺度，只有在掌握對方可讚美之處的基礎上，選擇適合的場合，表達由衷的讚美，才能發揮很好的效果。

讚美的尺度掌握得如何，會直接影響讚美的效果。恰如其分、點到為止的讚美，才是真正的讚美，而過多的華麗辭藻、過度的恭維、空洞的吹捧，只會讓對方感到不舒服、不自在，甚至難受、肉麻、厭惡。

自誇自讚是一門藝術，吹牛皮會損壞印象

在某種情形下，適當地自誇自讚可以讓別人留下好印象，民間有句俗話：「老王賣瓜，自賣自誇」，傳達的就是這個意思——如果賣東西的人總是說自己的東西不好，那麼誰會來買？

但是，自誇也要把握一定的尺度，過分的自誇有個具象的形容詞「吹牛」，你一旦被認為是愛吹牛的人，在別人心目中的印象簡直比總是自謙的人還要壞三分。

吹牛過頭，會吹爆別人對你的好印象

古羅馬時代，有位英雄名叫馬西爾斯，因為他作戰勇敢，多次拯救羅馬城於危難之中，所以人們對他十分崇拜，稱他為「戰神」。由於他長年在外征戰，羅馬人並不知道馬西爾斯到底長什麼樣子。在一般人心目中，他就是謎一樣的人物。

後來，馬西爾斯不想再過那種打打殺殺的生活，於是想投身政壇。馬西爾斯與幾位對手角逐執政官的職務，按照規定，他和其他候選人都要在選舉初期公開發表演講，贏得選民的支持。

演講時，馬西爾斯什麼話都沒說，只是把自己的衣服脫下來，讓人們看他身上的累累傷痕。選民們被感動得淚如雨下，馬西爾斯認為自己憑藉這一優勢，一定可以如願以償。

但是，正式投票當天，馬西爾斯一反常態，開始在各種場合滔滔不絕地演說，一味地吹噓自己的功績。同時，他只和那些陪同他來的貴族說話，對選民不理不睬。人們對他的印象大打折扣，都認為所謂「戰神」只是個吹牛的人。最終馬西爾斯落選了。

在生活中，可以適度地自誇，但滔滔不絕地自吹自擂就不好了。在很多情況下，一個人越是自誇，別人越是瞧不起他。很多人都認為，信口開河的人品味多半很低，知識也不淵博。吹牛者往往爬得越高，摔得越慘，因為人們發現自己受到愚弄，就會心生牴觸。所以，**過分自誇只會讓自己與別人之間的距離變得越來越遠，溝通也越來越困難。**

像前述的馬西爾斯，他是戰場英雄，其實根本不必用語言來吹噓自己，身上的傷疤足以勝過千言萬語。但是，他捨棄這種做法，在選民面前裝腔作勢，他說得越多，人們對他就越失望。

同理，許多人經常在朋友聚會或公開場合誇耀自己，而且以「想當年」、「想當初」這樣的詞語作為開端，希望在自吹自擂中獲得別人的敬佩，但是這種做法往往讓聽者產生反感。常言說「好漢不提當年勇」，過去式的成就留在自己家裡回憶就好，在公開場合自吹自擂，只會讓人更加反感。倘若非要在公開場合講過去的事情，也應該點到為止，不要過度渲染。

是驢是馬？靠嘴吹噓不出好形象

有這樣一則笑話。三個人在一塊吹牛，甲說：「我一伸手就可以搆著天。」乙不甘示弱地說：「我一抬頭就可以碰著天。」丙沉吟著說：「我可不得了，一開口說話，上嘴唇頂著天，下嘴唇挨著地。」於是甲、乙問丙：「兄弟，那你的臉呢？」丙說：「吹牛的人就不要臉。」其實，這正是一般人對愛自吹自擂的傢伙最直觀的看法。

王明遠在讀大學時就喜歡吹牛，同學都對他敬而遠之。畢業後，他進入一家生技公司工作，仍然沒改掉這個毛病。兩年後，老闆因為他基本功底厚實、技術嫻熟，又出自知名大學，便提拔他擔任部門主管。王明遠果然將部門管理得有聲有色。很快地，老闆又給他升一級，讓他擔任技術總監。

長假前夕，正巧公司承接的一個大計畫馬上就要交貨。老闆很在乎這個專案，但按照目前的進度肯定無法完成，便想到透過改進技術來提高產量。老闆開了幾次會，強調這次任務的緊迫性和重要性。

在會議上，老闆試探地問王明遠：「明遠，你最熟悉公司技術，你想一下，我提到的改進技術能否在兩個月內實現？」沒想到他不假思索地表態說：「用不了兩個月，研發部門只需要一個月就能完成。您放心好了，這件事情包在我身上。」老闆疑惑地望著他，點頭微笑道：「好！那麼，這件事情就由你全權負責吧。一個月後，我希望看到你的成績。」

這時，坐在王明遠旁邊的研發部主任，用胳膊肘捅他一下，低聲說：「一個月哪辦得到啊？」王明遠沒理會研發部主任的善意提醒，便拍著胸脯，做了最後的表態。

會後，王明遠召集手下的部門主管開會、研究對策，大家都表示一個月的時間太短，改進新技術豈是一件容易的事，抱怨王明遠光想著迎合老闆。在改進技術的過程中，不僅需要購買新設備，還要做大量的生物實驗，測定哪種方法最經濟、最有效，這些都需要大量的時間，哪是光靠他出一張嘴？

主管在說話和表態時，切忌頭腦發熱、將話說得太滿。當別人向你求助時，你可以選擇答應，但不要保證「包在我身上」，而應該說「我儘量試一試」或「我也沒把握，但我會盡力」，為自己留下退路。否則，一旦事情無法完成，你就失信於人，對方再也不會相信你。

雖然吹牛皮不是一個好的性格特點，但是社會中到處是吹牛的人。每個人多多少少都有自吹自擂的癖好，好像不吹一吹，就會被別人看不起，而且自己心裡那種癢癢無法撓息，直至吹牛變成一種令人討厭的習慣。

自吹自擂也許一時一事一地會撈到好處，但從長遠來看，如果養成信口開河、自吹自擂的習慣，必定會招致周圍人的討厭，甚至影響事業的成功。

重點整理

- 見什麼人說什麼話，千萬不要以為自己的說話方式適合所有人。
- 「嘮叨是愛情的墳墓」，無休止的廢話更是溝通的慢性毒藥。
- 文化程度不同，要照顧對方的理解能力。
- 高明的論辯家在被對方擊中要害時，絕不強詞奪理。
- 培養幽默感，每天都可以獲得一份好心情。

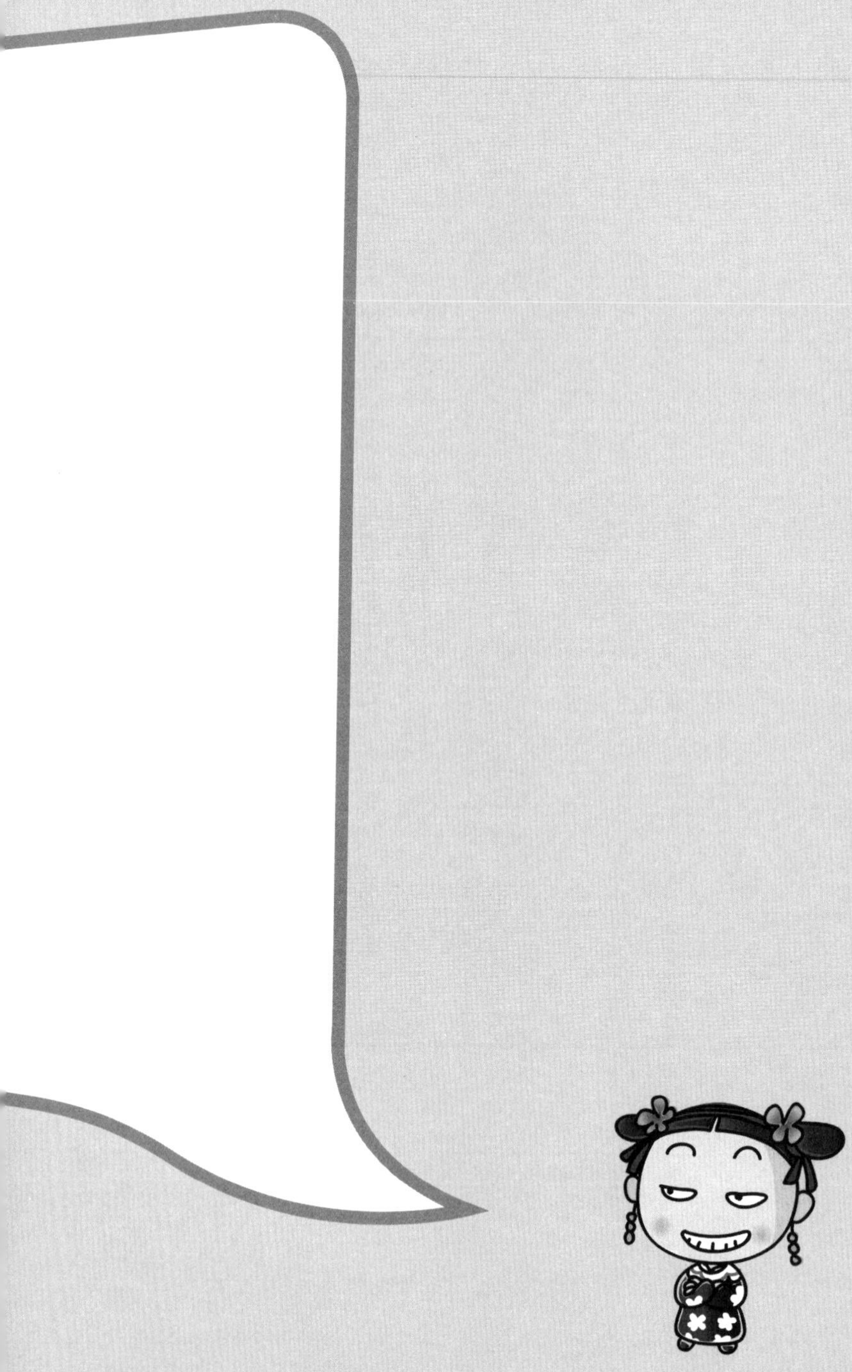

第2章

高情商的人，絕不會說出這些毒舌驚句

破壞關係的話：「你錯了」、「你什麼也做不好」

心理學家發現，任何資訊的可信度都會隨時間推移而改變，這就是所謂的「沉睡效應」。它泛指一個人在接受某個資訊後，記憶將隨著時間的推移，只留下核心內容，其他圍繞的資訊會逐漸淡薄。

舉例來說，當女孩回想第一次被某個男孩讚美時，「誰說的」、「怎麼說的」、「在哪裡說的」等等，都會隨著時間而遺忘，只有一些關鍵句，像是「我喜歡妳」、「妳太漂亮了」等等，會被清楚地記得（甚至美化）。

這樣的記憶為女孩帶來單純的喜悅，於是當那個男孩再次讚美她時，女孩會想起「他以前也是這麼說」，而牢牢記住讚美的人。在這個時刻，女孩不會想到那個男孩說話不可靠，只記得他曾誇讚自己，對他的好印象就像滾雪球一樣越來越大。

快刪掉這句！對方會因「你錯了」很火大

一般來說，人傾向記住自己愛聽的訊息，刪除不喜歡的訊息。當然，言語本身沒有所謂好壞、得失，差別只在於聽的人覺得順不順耳。正因為每個人在生活中不可避免都要與人交談，所以說話的方式顯得格外重要。

倘若說話直來直往、沒有心機，不僅會傷人自尊也會反傷自己。在恰當時機，懂得說一些別人喜歡聽的話，不僅容易拉近彼此的距離、贏得對方的好感，甚至還能逆轉危機。

秦王與中期發生爭論，結果輸了。中期大搖大擺地走出秦宮。秦王大怒，決心要殺掉他以洩心頭之恨。秦王身邊有個與中期很要好的臣子，趕忙說道：「中期實在是個不懂規矩的莽夫，若非遇到大王這樣賢明的君主，早就沒命了！」秦王一聽，也就不好再加罪於中期。

在秦王盛怒的情況下，中期的朋友要勸說秦王或為他辯護，只會火上澆油、適得其反。但改採委婉的方式，簡單的幾句話既有對中期的指責，又包含殺中期則是暴君的暗示，不殺是賢君的稱讚，秦王不但一下子就平息了火氣，也不好再對中期下手了。喜歡聽好話絕對是人類共同的天性。在這個看臉的時代，說話也是有「顏值」的。來看看這個故事。

有個特別會奉承的學生，喜歡給別人戴高帽子。他的老師最看不慣那種曲意奉承的嘴臉，當然也就更不會吃他那一套。畢業時，老師故意諷刺那個學生：「恭喜畢業，準備帶什麼好東西回去？」

學生笑回：「老師，我準備了一百頂帽子。」

老師聽了，冷笑了一下。

「老師，您別瞧不起我。其實我也不想這樣，但您不知道，這世上的人都愛聽好話，像您這樣德高望重、兩袖清風的學者，真是不多見啊！」

老師高興地笑起來。這個學生要離開時，回過頭對老師笑一笑：「老師，我現在只剩九十九頂高帽子了。」

讚美別人只需要幾句輕鬆的話語、一個鼓勵的眼神、一個加油的手勢，或一陣清脆的掌聲，便能在人際交往中創造巨大的作用。總而言之，生活中經常說些別人喜歡聽的好話，往往會讓你獲得意想不到的成功。

糾正他人的錯誤，用對方法不再得罪人

人非聖賢，孰能無過。現實生活中，每個人都不免犯錯，當事者往往很難及時醒悟，甚至不願承認，因此旁人有必要提醒。不過，出聲糾正他人的錯誤，是一件得罪人的事。在糾正別人錯誤時，一般人會選擇什麼樣的方式？其實，有些

話不如不說。

在庭審中，最高法院的法官說：「海事法追訴期限是六年，所以根據……」話還沒說完，辯方的年輕律師迫不及待地打斷他，十分率直地指出：「不對！庭上，您搞錯了，海事法根本沒有追訴期限。」

法庭內鴉雀無聲，法官臉色變得鐵青，足足五秒沒有說話。本以為會得到賞識的年輕律師，頓時覺得渾身不自在。從此，這位聲望卓著、學識豐富的法官，看到那個年輕律師時，都是一副冷漠嚴肅的表情。但在生活中，他一直是個和藹可親的人。年輕律師不知道，一句「你錯了」帶來的是這樣的後果。

事實上，對於一句脫口而出的「你錯了」，別人接收到的往往是「你這個蠢蛋」的訊號。

在蘇珊到職的第一天，老闆請員工唱KTV。蘇珊進入包廂，很自然在離自己最近的沙發坐下。老闆進來後發現沙發被坐滿，就順勢坐在蘇珊旁邊的椅子。過了一會，老闆離開了。一名男同事語氣激動地指責蘇珊：「妳這人怎麼這麼沒禮貌！老闆坐在妳旁邊都不知道讓座，真是太不懂事了！」

蘇珊沒想到老闆一走，其樂融融的氣氛大變，長這麼大，也從沒被這麼大聲訓斥過，還當著所有同事及服務生。她委屈的眼淚忍不住在眼眶裡打轉，心中不禁無限懊惱。

男同事的初衷或許是想教蘇珊職場倫理，但他的說話方式不僅讓蘇珊很尷尬，也破壞當時的氣氛。若換個方式，自己先主動讓座給老闆，別人看到後自然能心領神會，效果會更好。

事實上，從心理學的角度來看，不是每個人都樂意傾聽並接受他人的批評。因此，就算極小的疏忽或錯誤，有時多數人既不會坦然承認，還會找出各種的理由為自己辯護。

林女士請室內設計師為新居裝設窗簾，後來她收到帳單時，發現在價錢上吃了很大的虧。過了幾天，一位朋友來做客，聊起那些窗簾，直呼林女士花了冤枉錢。林女士辯解：「一分錢一分貨，貴有貴的價值……」結果，她們為此事爭論一個下午，最後不歡而散。

世上大多數人都有武斷、固執、忌妒、猜忌、恐懼、傲慢等缺點，所以一般不願意承認自己錯了。從人性的角度來看，即使當事者會主動認錯，甚至將此視為一種榮耀，但如果對方想把難以下嚥的事實塞進他的嘴，當事者絕不會同意。說得更白一點，帶有個人取向的正確，真的不適合強迫推銷給對方。

賣車的老張處理客訴時，總是想證明問題的根源在顧客，結果經常陷於爭吵和官司糾紛中，生意也越來越差。

後來，老張改變處理客訴的態度。他接到顧客投訴時，會先說：「我們的確有錯，關於你的車子有什麼地方需要改善，請盡量提出來。」問題反而很快被解決，他的辦事效率也越來越好。

古埃及國王阿克圖曾對兒子說：「圓滑一點，它可以使你予求予取。」不要對別人的錯誤太敏感，別執著自己所謂的正確，更不要隨便刺激任何人。如此一來，不僅能避免許多爭執，彼此的對話將輕鬆許多，交流會越來越順暢。想要別人寬宏大度地接受自己，就不要任意地說：「你錯了。」

造成隔閡的話：「我不知道！」、「別來煩我」

老一輩的人會說，君子的標準是「三和」，也就是語柔和、身親和、心平和。簡單地說，就是說話要溫軟如玉，在表達心意的同時讓對方生出歡喜心。可是到了現代，不少人喜歡用尖刻冷峻的語言包裝自己，無形中為自己及別人的溝通設下障礙。

放諸生活中，有很多時候正是不以為然、不耐煩的語氣，在不知不覺中沖淡了人與人間的感情。

提人一句永遠不少，回人一句別不耐煩

印光大師說過一句很有智慧的話：「最好的心境是靜心和沉穩。」水面靜才能映出完整的月亮，心靜才能充分接收外界的資訊，建立良好的心態，而心態則決定人生的成敗及苦樂。但是，想做到靜心是一件十分困難的事，因為浮躁往往伴隨每個人一生，使人自覺或不自覺地受到它侵擾。只有戰勝浮躁，人生才能真正自主。

像是在同事之間，用「我不知道」幾個字回應對方的請教，傳遞出去的是「沒有興趣」、「不想回答，請趕緊結束這個話題」的煩躁，彷彿在告訴對方，多說一句都是浪費時間，結果光速地拉遠彼此的距離。

除了職場之外，日常生活中，若總是以忙碌和工作為由，匆促掛斷電話、語氣不耐煩，很容易破壞家人原本的親密，傷害彼此的感情。這些都是浮躁的心態透過言語造成的心理傷害。

有個年輕人問一同在岸邊釣魚的老人：「我們釣魚的地方相同，您也沒有用什麼特別的誘餌，為什麼魚只上你的鉤，我卻毫無所獲？」

老人微笑著說：「那是因為你總是很浮躁，時不時地動動魚竿、嘆息一兩聲，而我只是靜靜地守候，魚根本感覺不到我的存在，所以咬我的魚餌。你把魚都嚇跑了，當然釣不到。」

這個小故事隱含一個深刻的哲理：影響勝敗的關鍵，通常不是外在條件的優劣，而是沒有調整心態，沒有控制情緒，使得行事態度流於浮躁。

唐朝有個督運官在監督運糧船隊時，不幸遇到大風而翻船，並損失糧食。時任巡撫的盧承慶在考核他時說：「監運損失糧食，成績中下。」督運官聽到評語，一句話也沒說，從容地笑一笑便退了出去。

盧承慶很欣賞他的氣度和修養，叫他回來重新評估：「損失糧食非人力所能及，成績中。」督運官仍然是笑笑而已。盧承慶深為他的坦蕩胸懷感動，最後評價他：「寵辱不驚、遇事從容，成績中上。」

「別來煩我」的斷連訊號，導致與成功絕緣

心態決定結果，成功者都會修身養性、力戒浮躁。他們善於控制自己，具備穩健的心態，是處理各種問題的關鍵所在。可惜多數人不探尋別人成功背後的原因，始終不明白為什麼自己的成績不如他人，甚至主觀地將別人的成功歸結於運氣。

他們怨天尤人，認為自己不比別人差，甚至還更好（事實或許真是如此），但只沉溺在嫉妒和詆毀他人的情緒，不檢討自己的過失和不足。這就是浮躁的表現，因此一無所獲、無所進步便是自然而然的結果。

這類人心態浮躁，總希望事情按照自己的預期進行，既不適應現實世界，又不接受周遭環境，不服氣最後的結果，導致常常憂慮。這種表現一旦出現在經營管理者身上，在執行業務時不屑做基本的服務工作，卻希望客戶能理解，不接

受顧客的建議或意見，卻指望顧客源源不斷。最後，客戶當然會轉向競爭對手懷抱。

因此，在與人交流時，務必努力控制自己的情緒，並抑制浮躁。不管情緒怎麼變化不定，都要想辦法控制，否則會傷害別人，同時使自己失去更多東西。

刺傷自尊的話：「這件事很簡單啊」、「你真是笨」

什麼叫作笨？學東西慢就叫作笨，一學就會表示聰明，這其實是一般人的刻板概念。有專家研究發現，大多數孩子生下來後是有自信的，但到了成年，眾多受試者的表現卻是缺乏自信和上進的勇氣。基本上，這是受到外因與內因互相作用的結果。

就外因來說，可能是孩提時受到太多貶抑性的評價，而且缺少成功機會，因此很難產生自信。

這些話以前說過，以後千萬少說

有不少父母曾對孩子說：「這件事情很簡單」，甚至直接感嘆：「你真是太笨了。」

這種說話方式往往會傷害孩子的自尊心，於是孩子的自信心下降，又缺乏自我調控的能力。當一個孩子在班級中不被重視，在集體中沒有表現的機會，在家中又經常受到父母責難，如此惡性循環，久而久之，就失去自我肯定的優勢。

這個現象就是教育學上有名的「羅森塔爾效應」（Rosenthal Effect）。羅伯特．羅森塔爾（Robert Rosenthal）是美國的心理學家，一九六六年做了一項關於學生對成績期望的試驗。他在一個班上進行測驗，結束後將一份「最有前途者名單」交給校長。校長將這份名單交給這個班的班導師。大約半年後，羅森塔爾和助手再次來到這個班上時，名單上的學生成績都大幅度提高。原因很簡單，因為老師更加關注這群學生。

由此可見，孩子的成長方向多數取決於父母和老師的期望。簡單地說，父母期望孩子成為什麼樣的人，孩子就可能成為一個什麼樣的人。

因此，開明的家長應該經常告訴孩子：「你真行！」、「你真棒！」要相信每個孩子都有自己的優點和長處，可能成為天才，而實現的關鍵，其實是掌握在父母和老師的心態。千萬不要出口就說：「你真笨！」

阿志活潑又調皮，就是貪玩不愛學習，他上課時總是東張西望、心不在焉，上數學課更是「走神」。媽媽看他做數學作業，看著看著火就會冒出來。她常常指著阿志的腦袋罵：「你這個笨蛋，真沒出息！」結果，他的數學成績越來越差，他也越來越害怕學習數學。

這種現象便是消極心理暗示的作用。當孩子的成績不理想時，一個英明家長的正確做法，應該是細心尋找原因，設法幫助孩子提升學習效率，而不是埋怨孩子「笨」。

「你不笨」，笨的人忘記該這麼說……

人是萬物之靈，每個人都有獲得認可、受到欣賞的需要。尤其孩子的心靈最單純，這個方面的需要更強烈。因此，建議父母不要對孩子說：「這件事很簡單！」或是直接毫不留情地說：「你真笨！」這些言詞都會嚴重地傷害孩子的自尊。

秀禾的媽媽年輕時，很想成為一名鋼琴家，但由於種種原因，理想沒有變成現實。生下秀禾以後，她把自己的夢想全部寄託在孩子身上，每天耳提面命。

秀禾每天一放學，就坐在鋼琴前練習。但她進步得很慢。一天，媽媽要秀禾彈一首練習曲，但秀禾老是彈錯音。站在一旁的媽媽還沒等到曲子彈完，就生氣了：「妳怎麼這麼笨！這麼簡單的曲子都不會……」

秀禾哭得眼睛又紅又腫，心想：「我已經很努力了，但就是學不會呀！

我怎麼這麼笨？」

她不敢將這樣的想法告訴媽媽。從此以後，原本活潑開朗的秀禾變得越來越內向，越來越自卑，越來越不願意與人交流。一年後，秀禾因為自閉症住進醫院。

事實上，不管與什麼人交談，批評或拒絕都應該就事論事。這點是非常重要的。所謂「尺有所短，寸有所長」，職場上，每個人都有個人想法及自尊心，會找到適合從事的職業。其實，很多職場上的工作者本身能力不差，遺憾的是偶爾失誤時，無可避免會接收到各種傷及自尊心的批判。

天性使然，部屬在自尊心受到傷害時，多半會記恨主管，要嘛積極計畫離職，要嘛採取左耳進右耳出的態度，只要主管說的話、下的指示，都不願意盡心盡力執行，工作狀況自然不好，甚至自暴自棄。

瞧不起人的話：「呵呵！」、「一句話也不想和你說」

與人交流溝通時，最重要的就是尊重對方。在對話的過程中，雖然沒必要奉承、巴結或討好，但一定要尊重對方。偶爾插一句話打斷無妨，千萬別總是居高臨下，開口就「呵呵！」一句。

這種說話方式會讓人覺得被輕視、怠慢，似乎在向對方表示：「你的話真是好笑」、「我和你沒什麼好說的」，顯示說話的人並未將雙方的交流放在心上。

也許你只是隨口說說，並沒有那個意思，卻讓對方的自尊心受到很大的傷害。

別光急著表現不屑，放走機會

一般人在日常生活中，會習慣尊重上級、名門望族等等高高在上的人，往往忽視身邊的低位階者，甚至覺得和對方說話都有失身分，然而這種勢利行為，或許會讓自己付出不小的代價。

小莉和同部門的職員及三名外派中階主管一起搭電梯。她對自己的同事視而不見、連招呼都不打，卻忙著向另外三人恭維諂笑。十幾年後，那個同事升職成了她的上司。

別光把眼光看向那些地位比自己高的人。俗話說三十年河東、三十年河西，風水輪流轉，學會尊重別人其實也就是尊重自己、懂得尊重對手。唯有深入瞭解對方的長處及弱點，並正視自己的短處或優點，才可能贏得對方的尊重，這是人際往來最起碼的要求。

李剛去某家公司應聘客服專員。面試者是位三十歲左右的青年，比李剛大不了幾歲，一句話都沒說，就告訴李剛：「你走吧。」

李剛一頭霧水就離開公司。在樓下，他看到馬路對面有個婦人，拖著一大包垃圾袋走來。目測這包垃圾有五十斤左右。李剛看對方很吃力的樣子，跑了過去。

「阿姨，我幫妳拿吧！要放到哪裡去？」

「就放到前面的資源回收桶。」阿姨指著三百公尺外的資源回收桶。

李剛提著垃圾袋和阿姨一起慢慢往前走。

「小夥，你是第一個幫我搬垃圾的人。」

「不用客氣。」李剛放下垃圾。

「等一下，你再到王總辦公室去一趟。」

「啊？」

「王總交代我，假如你出手幫我，就讓你回去，重新面試。」

事實上，這是該公司設計的面試環節。當一個人對不認識的清潔員都給予尊重、出手幫忙，性格特質上就可以看出優點。職場上，不管何時何地，都需要這種凡事尊重又甘於奉獻的人。同一場面試，那些失敗的人原本可以抓住最後一次機會，但因為他們認為一個清潔員與自己無關，沒有出手幫忙的價值，結果反而錯失了機會。

尊重和咳嗽，都是不能被掩蓋的……

當一個人的生理需求獲得滿足後，會尤其渴望獲得尊重，每個人都需要被重視。希望人格與自身價值被承認，本就是人類共同的特質。倘若對方感覺自己在說話者心中很重要，一定會對說話者產生好感，因為沒有人會討厭一個喜歡自己、尊重自己的人。

日常中，常見有些人自視甚高，覺得自己很重要，卻忘記別人也需要這種感覺，於是在不經意間顯出對別人的輕視，次數一多難免失去朋友。那麼，怎樣才會對方產生重要的感覺？

禮貌和尊重當然是前提，另一個關鍵是要把對方放在心上。能讓他人感到被重視的人，通常是社交場合中深受歡迎的人氣王。不妨採用一些令人產生好感的方法，比如關心對方關心的事。當對方關心自己的利益、健康及家人時，你在談話間同樣表現出足夠的關心，就有機會被當成自己人。

當對方欣賞自己的成就、能力及風度，就把他當成難得的知音，適時對他的成就、能力及風度，表現出真誠的欣賞，當遇到不懂的問題、不清楚的事，不妨向對方求教，既能增長見識又能得到對方好感，何樂而不為？

成功學家拿破崙．希爾（Napoleon Hill）認為：「你輕視一個人，就不會把他放在心上，對他的一切都漠不關心。你重視一個人，就會關心他的感受，關心他所處的狀況。」

輕視或重視是雙向互通的，想改善或鞏固跟某個人的關係時，回報以同樣的態度把對方放在心上，將是一條捷徑。維也納著名心理學家阿爾弗雷德．阿德勒（Alfred Adler）有句名言：「不對別人感興趣的人，一生中的困難最多，對別人的傷害也最大。所有人類的失敗，都出自於這種人。」

生活中很多的問題，就是因為一方不把他人放在心上，或雙方互相忽視而引起種種仇視和敵意，帶來數不清的麻煩。倘若每個人都對別人多一份關注和重視，這個世界將變得更加溫馨和諧。

放馬後炮的話：「早跟你說會這樣」、「我比你強」

什麼是「事後諸葛」？就是人們通常說的「馬後炮」，在關鍵時沒有隻言片語，事情過後便廢話連篇。

令人惱火的，是事後放炮的「早知道」

「早跟你說了」這句話，會讓聽的人覺得彷彿在說「你沒聽我的，活該」、「我比你強多了」，其實冷酷無情又充滿嘲諷意味。如果只是茶餘飯後的談資，還無關緊要，但如果用於職場往來，真的是大忌諱。就像颱風或地震警報如果是過後才發佈，一般人會有什麼感受？

另一方面，有遠見的員工要勇敢地表達自己的擔憂和保留意見。主管和老闆總是會十分欣賞表達得有理、有禮、有節的員工，因為時間就是效益，機會稍縱即逝，老闆最需要的是機會的捕手和危險的預警器，而不是現場旁觀者和事後諸葛。

公司支付薪資，員工提出建議，是彼此的職責。倘若當時害怕承擔風險而不開口，那乾脆裝傻到底，別等到局勢嚴峻時，才急於顯示自己的高明。這種行為無異於預見到老闆翻船卻袖手旁觀，直到老闆掉進水裡，卻看他的笑話，其惡劣程度和落井下石不相上下，只會加快自己離職的速度。

事後再補一刀，只會痛得更厲害

李寧大學畢業，向三家規模最大的公司投了履歷，幸運的是，三家公司都通知她過去面試。這三家公司規模都不小，但在李寧心裡還是有區別的。

她把它們分為A、B、C。A是最想去的公司，其次是B，再次是C。

經過幾輪面試後，B公司最先打電話給李甯，通知她已經錄取了。當時A公司剛面試完最後一輪。李寧想了整整一夜，拒絕B公司。

朋友王芳忍不住勸道：「B公司也不錯呀，妳剛剛畢業，有份工作就很好了，你看隔壁林阿姨的女兒，畢業都大半年了，還沒找到工作呢！」

過了一天，C公司也打電話給李寧，說她已經通過面試，下週一就可以上班。王芳又勸她：「A公司到現在還沒消息，肯定是沒錄取，妳先拒絕B公司就夠傻，現在趕緊去C公司吧。」

但李寧堅持要等A公司的消息，便拒絕C公司的機會。

兩天後，A公司還是沒有消息，李寧內心幾乎也認定自己沒被錄取。這時，王芳在一邊說：「妳就是太眼高手低了，A公司是大公司，哪那麼容易被錄取？」李寧十分惱火。所幸第二天，A公司的人事就打電話通知她被錄取了。

王芳知道了比李甯還高興，興奮地說：「我早就知道妳運氣挺好的，果然被妳等對了。」但李寧卻很認真地告訴她：「在我鬱悶的時候，我只想得到安慰，如果沒有安慰，給我清靜也是好的。」

王芳就是犯了事後諸葛的毛病。這對人與人之間的友情，是百害而無一利的。一個朋友失意時，絕對不需要你說：「我早跟你說了會這樣……」，這樣的話語，常常會把人推入更大的痛傷中。對於一件已經是失敗到了極點的事情，更加失敗的，是這種「事後諸葛」式的自以為高明，實則無情的勸慰與嘲弄。

娟娟跟男友分手了。母親一邊心疼女兒，一邊數落她：「我和妳爸早就看出他不是好人，可妳就是不相信，要是聽我們的早早分手，至於弄到現在這地步嗎？」娟娟越聽越惱火，對著母親破口大罵。母親也惱了：「妳真是不識好歹，白養妳了。」

當我們以自身經驗勸身邊的人時，總是希望對方聽進去，不要受傷或跌倒，不要辜負我們的一片好心。可是，每個人都有自己的路要走，他們未必肯聽我們的勸告，到最後也許成功，也許失敗。

當他們失敗時，其實心裡就已經滿是懊悔，只是不好意思說出來。這時候，聰明的人完全不必再做事後諸葛，只要好好地陪伴、安慰，和他一起走出人生的低谷。有了這種體驗，往後你再說什麼，對方都比較容易接受。

但如果此時放馬後砲：「你看，我早說過……」，也許我們的出發點是心疼，但對方聽到的意思卻是「你不聽，活該！」將心比心，每個人在經歷失敗和挫折，滿心沮喪和挫敗時，需要的是溫暖懷抱，而不是喋喋不休的嘮叨及冷嘲熱諷。

重點整理

- 重要的事，講三次以上就住嘴吧！
- 喜歡聽好話絕對是人類共同的天性。在這個看臉的時代，說話也是有「顏值」的。
- 良好的言辭、智商往往表現在語言，但它們和自吹自擂有很大區別。
- 讚美是一門藝術，與所有事情一樣也有尺度。
- 適度的自誇可以，但不必滔滔不絕地自吹自擂。

第3章
溫暖的人，最懂得說話圓融不樹敵

為何和你最親近的人，往往被你傷得最深？

人們常說一樣米養百樣人。世間人形形色色，各有其性情，所以言語表達的方式及內容會因人而異，鮮少產生同聲相應、同氣相求的效果。在與人交流時，務必要格外注意對象及場合。千萬別以為同一套說話方式，適合每個人。

說話要看對象，一個人只適用一種套路

一般來說，性格外向的人較容易喜形於色；性格內向的人則多半沉默寡言。所以跟前者談話時，可以侃侃而談，如果是和後者溝通，就應該要採用引導、漸

進式對話。會說話的人，有多能左右逢源？舉個典型的小說人物，在《紅樓夢》裡的王熙鳳，就是「見什麼人、說什麼話」，能言善道的說話高手。

面對不同的人，因職業、性格、學識、年齡、性別的差異，在打交道時，採取的方法自然也不一樣。在說話之前，請先充分考慮對方是什麼類型的人，然後再開口。千萬不要以為自己的說話方式，適合所有的人。那麼，具體上要注意哪些細節？答案是四個不同。

●性格不同，說話的方式也要不同

對於一個很穩重的人，倘若你總是說玩笑話，對方會覺得你非常輕浮；對一個很幽默的人，倘若你總是說很深沉的話，他會覺得你非常死板。我們面對不同的人，從說話的語氣上應該注意有所區別。

具體來說，對男性說話可以豪爽一點；對女性說話則應該委婉細膩一些，要是說話太直白，可能會弄得對方很尷尬、無法接受。記住與人交流時，一定要選擇正確的說話方式，才不會讓對方覺得厭煩。

●年齡不同，興趣、愛好及關注焦點也會不同

剛進入社會的年輕人比較喜歡有活力、刺激的事物，而且容易心浮氣躁、比較衝動，因此與他們交流時，最好選擇一些時尚的話題，至少別談論一些太陳舊的事物。另外，語氣可以輕鬆一點不要太過拘束。

和中年人交流時，不能顯得太過輕浮。中年人的心理已經成熟，他們會更關注與自身利益相關的話題。另外，人到中年，難免會有一些城府，所以和他們說話，應該選擇一些貼近現實生活的話題，口氣也應該嚴謹一些。

至於老年人，不管職位高低，一定要顯示出對他的尊敬。老年人喜歡談論過去，喜歡說當年怎樣，這時別顯得不耐煩，要表現得非常感興趣，並加以附和。如此一來，對方自然而然地就會接受你了。

●文化程度不同，接觸的東西、理解能力及欣賞水準也會不同

文化程度決定一個人的生活環境，生活環境決定一個人說話的習慣。因此，在說話之前要先瞭解對方的情況，倘若自己的文化程度高於對方，可以放低姿態，聊一些對方熟知的話題，用直白的話進行交流。

假使交流的對象文化程度很高，則最好用請教的方式和他交流，滿足他的虛榮心，自然就會喜歡和你對話。在一群學問低的人面前說些高學問的話題，會讓人覺得賣弄，相反地，也會讓人覺得格格不入。

●職業不同，決定一個人不同的說話方式

生活中，每個人的性格喜好各有不同，所以要區別對待、具體分析。做銷售的人說起話會洪亮些，話可能會多；從事研究的人可能會比較低調，由於工作原因，與人打交道的機會相對較少，話或許沒有那麼多。如果雙方的職業沒有交集，可以從生活或共同的興趣愛好作話題。

此外，以體力勞動為主的人說話可能會更直白，在與這群人說話時，別滿口術語、之乎者也，讓對方覺得故意賣弄。從事文字或教育工作的人，說話時常會給人文縐縐的感覺，他們表現幽默的方式也會有所不同，像是玩文字遊戲。此外，他們對生活、對事情的看法和感慨，也會多一些。和這樣的人打交道，腦子要轉得快，一旦表述不清，很容易會讓對方產生誤解。

和經商的人交談，可以聊一下最近的經濟形勢，或一些生意經。但一定要掌握說話的分寸，每個商人都有自己的商業機密，要是問太多，對方可能會覺得有所圖謀。

總之，生活中的人形形色色，每個人的心理、脾氣、語言、習慣都不相同，如果想成為受歡迎的人，就必須學會看人說話，找到適合的話題，與人交流時才能溝通得更順利。

當刺蝟豎起尖刺，越近的人會傷得越深

為什麼人們習慣把好脾氣留給外人，對陌生人面帶微笑，對親近的人惡語相向，總是把壞脾氣留給最愛的人？

●原因一：對親人的期望過高

相對於親人，我們往往對「別人」更有耐心，更不容易發火。因為我們假設

別人不瞭解自己，若要取得別人的配合，需要充分溝通。但對於親人，我們的耐心通常十分有限，因為他們勢必會給予最大程度的瞭解及支持。

確實，越親近的人越容易相互理解和支持。但親人絕對不是萬能的，他們不可能在任何事情上都理解和支持我們，相反地，我們也是一樣。

可是，一旦遇到不順心的事情，大多數的人總會想：「別人不理解我也就罷了，怎麼你也不瞭解我？」「別人不懂得配合我、支持我就罷了，怎麼你也不懂得？」越想就越生氣。這都是因為我們對家人期望過高，有時自己也沒有意識到。

●原因二：內心的壓力太大

相較於不相干的外人，親人提出的要求或期望，會讓我們成功的意念更加迫切，感受到的壓力更大，這是因為我們心裡更在乎他們。

這些壓力往往是一件一件增加、慢慢累積。只單拿其中的某一件出來檢視，或許當事人都能忍耐，但最後一根稻草壓上來時，情緒可能一下就爆發！這便是壓力瞬間超標。但在家人看來，當事人是針對眼前的事發火，卻不能理解原因，彼此難以溝通，導致問題無法解決反而更擴大，當事人的脾氣也就變得越來越糟。

●原因三：對親人往往會放肆

在家庭裡，特別是關係親密的家人之間，是一個相對安全包容的環境。有時候，在外面受委屈或承受壓力沒辦法發洩出來，只好在家中宣洩。面對家人時比較任性，原本是非常正常的事，但令人擔憂的是，當這種宣洩是藉由非理性的溝通展現時，當事人往往忘記怎麼好好說話。

我們在宣洩過程中對家人使用嘲諷、歪曲、誇大、貶低、晦暗等等的語言。最後我們的壓力得到一定的釋放，卻給家人帶來傷害。倘若家人對我們的傷害進行反彈，家庭的衝突就會越演越烈。

●原因四：對親人有時會陷入單極思維

單極思維就是我們在不考慮實際情況的狀態下，為自己定下一個目標，並且不顧一切去實現，不實現就不善罷甘休，把自己陷入沒實現就不快樂的死巷中，走不出來。

這會使我們把自己的主觀想法強加於自己或別人的身上，往往給自己或家人都帶來極大的傷害。比如戀愛時，一方會要求另一方說「我愛你」，但另一方可能覺得肉麻，於是前者拚命要後者開口，開始假設「他為什麼就不能說聲愛我？」「他是不是不愛我？」越想越傷心，嚴重時還可能向對方發脾氣、鬧矛盾，又傷害到另一方。但事實上，是後者非常愛前者，只是因為成長環境的緣故，不喜歡這種表達愛的方式。

其實換個角度想想，明知道伴侶不喜歡這種表達方式，還逼著他一定要說，讓他做不喜歡的事，恰恰證明了我們不夠愛他。我們如果真的愛他，會尊重他的表達方式。那麼，我們怎樣才能夠改變愛生氣的壞習慣？

1. **平心靜氣三法則**：首先降低聲音，繼而放慢語速，最後胸部向前挺直。因為聲音對自身的感情將產生催化作用，從而使衝動的表現更為強烈，造成不應有的後果。放慢語速，因為一旦摻入個人感情，語速就會隨之變快，說話聲音也會越來越高，容易引起衝動。

胸部向前挺直，因為情緒激動、語調激烈的人，通常都是胸前傾，一旦胸部挺直，就會淡化衝動緊張的氣氛。當身體前傾時，會使自己的臉更接近對方，這種講話姿態，很容易造成緊張局面，增加彼此的怒氣。

2. **閉口傾聽：**憤怒情緒的特點是很短暫，發洩過後，矛盾就較為容易解決。當你不能苟同別人的想法，又覺得很難說服對方時，可以選擇傾聽。這樣會使人覺得聽者對自己的觀點感興趣，對於平息對方的憤怒非常有用。

3. **轉移注意：**強迫自己在不離開現場的情況下，轉移注意力以免聽對方激烈言辭，防止自己被進一步激化。

從心理學角度來看，人在憤怒時，大腦皮層中會出現強烈的興奮點，造成暫時的「意識狹窄」現象，而且這種有害的興奮會進一步擴散升級，甚至造成激烈衝突。若轉移注意，可以理智地轉移興奮點，主動降溫，防止衝突的惡化。

4. **轉換角色：**在與人進行意見交流時，心理因素發揮極其重要的作用，人們都希望只有自己是對的，對方必須接受自己的意見。

由於人們在組織內、生活中的角色不同，在處理問題時，往往由於考慮的角度和立場不同，意見各一。當雙方都堅持己見，不能理智地考慮對方意見時，很容易引起衝突。

假設雙方在意見交流時能夠轉換角色，設身處地想一想，就會瞭解彼此的動機和目的，進而反思自己的意見是否正確？是否應該被對方接受？這樣能避免雙方大動肝火。

5. **理性昇華：**當衝突發生時，在內心估計一下後果、想一下自己的責任。將自己昇華成一個有理智、氣度豁達的人，控制住自己的情緒，有助於緩解緊張的氣氛。俗語說忍得一時氣，免得百日憂，合理的讓步，不僅對事情有大有益處，也會贏得別人的愛戴。

好好收拾壞心情，你的話自然能讓人樂意聽

情緒看似簡單，但卻能掌控我們的人生；情緒看似平常，但卻能左右我們人際關係的好壞。一個人心情的好壞是可以掌控的，只有讓自己處在良好的情緒、營造良好的內心環境，才能擁有幸福的人生。

很多時候，我們沒有辦法永遠掌控外在的環境，但至少可以掌控個人的高峰與低谷，竅門就在於掌控自己的情緒。

情緒就像一把雙面刃，越瞭解怎麼駕馭它就能成為好幫手，相反地，任它恣意的擾亂，很容易破壞我們的人生。沒有人可以避開與情緒共處，因此必須學著好好瞭解它。

有個小男孩脾氣很壞，他的父親就給他一袋釘子，並告訴他，每當他發一次脾氣，就往後院的圍籬上釘一根釘子。小男孩照做了，發現一天時間裡，自己竟然釘了一堆釘子！這時，他才意識到自己確實「憤怒」過了頭。

於是，他開始控制自己的壞脾氣。每克制住一次，就從籬笆上拔出一根釘子。等他把籬笆上所有釘子都拔光，他發現，自己已經在不知不覺中學會克制。

小男孩十分欣喜地告訴父親。父親跟著男孩來到籬笆邊，意味深長地說：「你看，籬笆上的釘子雖然已經拔光了，但是那些洞卻永遠留在這裡。其實，你每向他人發一次脾氣，就是往他們的心上釘了一根釘子。釘子拔了，你可以道歉，但那些洞卻是永遠也不能消除的啊。」

從這個故事中，我們可以看到壞脾氣帶來的嚴重危害。人們因憤怒而發洩的那一瞬間，雖然帶給自己輕鬆，但發洩之後，留給別人的卻是無法抹去的傷害。由此可見，控制情緒在人際交往中是何等重要。

別讓情緒控制嘴巴，把言語變成利刃

許多年前，美國某家石油公司的一名高階主管，做出一個錯誤決策，使這家公司一下子損失近兩百多萬美元。當時，掌管這家公司的人正是大名鼎鼎的洛克菲勒。

這個消息一傳出去，公司高階主管都設法避開洛克菲勒，唯恐被他的怒氣波及。某天，合夥人愛德華・貝德福德走進洛克菲勒辦公室。

「哦，是你？貝德福德先生。」這位石油帝國老闆，正趴在桌子上，用鉛筆在一張紙上寫著什麼，「我想你已經知道我們的損失了。我考慮很多。」洛克菲勒從容道：「但是，在叫那個人來討論這件事之前，我準備了一些筆記。」

原來，在那張紙的最上面寫著：「對某先生有利的因素」。下面列出一長串這個人的優點，包括他曾三次幫助公司做出正確決定，而且為公司贏得的利潤比這次的損失還要多。

貝德福德感嘆道：「我永遠忘不了洛克菲勒面對棘手問題時的冷靜。日後，當我克制不住自己想對某人發火時，我也會強迫自己坐下來，拿出紙和筆寫出某人的好處和優點。每當我完成這個清單時，火氣就慢慢消了，並且能理智地看待一些問題。後來，這種做法逐漸變成我工作中的習慣。不知道有多少次，它制止我做愚蠢的事情——發火，那會導致生意場上付出慘重代價。」

一般來說，人脾氣的好壞與性格有關，人的性格又涉及到德行。德行是不可能裝出來，它需要靠個人一點一滴去修養。脾氣暴躁的人一般都比較衝動，遇事往往喜歡憑感性處理，這是非常錯誤的做法。在處理問題時，如果能克制衝動，理性地看待問題，脾氣會好很多。

俄國文學家屠格涅夫曾勸告愛發脾氣的人：「最好在發言之前，把舌頭在嘴裡轉上幾圈。」這句話的意思是透過時間緩衝，幫助自己冷靜下來。當察覺自己快要發脾氣時，不妨在嘴裡默唸「鎮靜、鎮靜，三思、三思」之類的話，對於控制情緒、增強理性思維，相信是非常有用的。

一個人要是脾氣暴躁，說話帶著強烈的攻擊性，不僅會給人留下壞印象，而且當別人被迫忍耐時，無形中可能更助長這種暴躁的脾氣。針對這點，我想給這類嗆辣份子兩點建議：**(1)在桌上貼像是「息怒」、「制怒」這類的警言，時刻提醒自己，必須要冷靜。(2)準備一本小手帳，專門記載每一次發脾氣的原因和經過。透過記錄和回憶，進行分析梳理，一定會發現有很多脾氣發得毫無意義。**於是，怒氣發作的次數就會越來越少。

脾氣暴躁的人通常缺乏控制情緒的能力。其實，控制情緒不是十分困難的事。當你在做一件自己覺得很有意思的事情時，如果停止做這件事，除了會讓你有不愉快的感覺以外，沒有任何損失，就強逼自己立刻停止。

當發覺自己的情感激動起來，為了避免立即爆發，可以有意識地轉移話題，做別的事情來分散注意力，把心思、感情轉移到其他活動上，使緊張的情緒鬆弛下來。例如：迅速離開現場，做別的事情，找人談心、散步，或者乾脆到操場跑幾圈，這樣可以將盛怒激發的能量釋放出來，心情就會慢慢平靜下來。

總之，當胸中的怒火爆燃時，要相信自己一定能控制住壞脾氣，不會因一時衝動而傷害他人。

為何要生氣，又拿無辜者出氣

顏回在二十九歲時去世，孔子哭得十分傷心，因為顏回的「不遷怒、不貳過」是很多人難以企及的修養。不遷怒，就是即使心情不好，也不拿不相干的人當出氣筒。不貳過，就是知錯就改、不犯同樣的錯誤。這些看似容易，卻不是每個人都可以做到的事。

在生活中，我們常常會遇到不順心的狀況，在心情不佳時，某種程度對待外界的態度也會受影響，比如恐懼、暴躁、動怒、懷疑、冷漠，這些情緒都可能傷害到周圍的人。

一般來說，適度把自身承受的壓力與刺激轉移給身邊的人，宣洩部分的情緒，有利身體健康，但利用遷怒的方式讓身邊的親友分擔壞情緒，其實對他們是非常不公平。

林小姐的老闆正因為工作狀況而心情不好，剛好林小姐進去遞交文件，老闆瞄了一眼資料後，就對她發了一頓火。林小姐覺得很委屈，剛好她男朋友打電話來，她拿起電話就開罵。

林小姐的男友莫名其妙地被罵了一頓，十分生氣地走到林小姐公司門口，眼看路旁有隻流浪狗，就狠狠地踢了牠一腳。正在尋找食物的流浪狗被踢出老遠，痛得哎哎叫。就在這時，林小姐的老闆正好從公司裡走出來，流浪狗跳起來，狠狠地咬了他一口……

這個故事說明遷怒的結果，最終還是傷害自己。老闆遷怒林小姐，林小姐遷怒男友，男友遷怒流浪狗，流浪狗遷怒於毫不相干的路人，正巧路人就是那可恨的老闆。一環緊扣一環從起點又回到起點。

俗話說：「生氣是拿別人的錯誤懲罰自己。」有時事後再一想，常常會覺得完全沒有理由發火，倒不如退一步海闊天空。

有位父親下班回家，一進門，就看到八歲的女兒正在用他的工具修理東西，工具散落一地，客廳凌亂不堪，他禁不住便破口大罵。聰明的女兒在收拾乾淨後，跑來擁抱他，然後撒嬌地問：「爸爸，你今天在辦公室裡一定遇到不愉快的事了，是嗎？」

這位懂事的女孩瞭解，爸爸很可能是因為別的事受傷，怒氣不完全是針對自己，因此沒有情緒反應，反而安慰爸爸。這是一種人生的大智慧。即便社會再公平，個體之間總有尊卑、智愚、貧富、強弱等諸多差別，沒有人會在各方面都比他人優越，但由於社會普遍的矛盾和人性的弱點，每個人都會受到他人有意無意地愚弄、侮辱甚至霸凌。

冒犯者往往比被冒犯者強大，因此被冒犯者出於自我保護的現實，不得不把怨憤暫時隱忍下來，轉而把原本該還施其人的怒氣發洩到比自己更弱小的個體。

但是，更弱小的個體同樣會把怒氣轉嫁他人，最後的受害者常常是最弱小者的妻子或兒女，他們會無緣無故地遭到丈夫或父親的打罵。但整個遷怒之鏈並未至此終止。在孩子的世界裡，遷怒也遵循與成人相似的軌跡在蔓延和傳遞。當這些孩子長大之後，會將別人當作遷怒的目標。於是，這股乖戾的遷怒之氣便進入惡性循環。

遷怒加劇了社會的每個時代、每個人的不幸，遷怒使人間失去很多歡樂，使很多家庭失去原本的溫馨。可以這樣說，幾乎所有的煩惱和不幸都由遷怒而起，或是由遷怒加劇導致不堪收拾。

一個人在多大程度上能做到據理力爭、恩怨分明、保持尊嚴、維護人格，就可能在多大程度上跳出遷怒之鏈，這將有利於改進人與人之間的關係，進而使自己擁有平和的心態。對於我們來說，已經受委屈或是情況已經很糟糕，最好的選擇是想方設法化解內心的不平衡。不要遷怒別人，否則只會造成更壞的結果。

負能量如烏雲，把別人的陽光也擋住

當一個人不順心時，很容易產生憤怒的情緒，並有一種想將其發洩出來的衝動。舉例來說，平時很常和同學互開玩笑的男孩，剛剛和女友分手，心裡十分不快，這時有個同學還像過去那樣和他開玩笑，結果難免引起一場紛爭，搞得不歡而散。

可見得，壞情緒就像一把利刃，傷害了自己也傷害了別人。人在憤怒時，通常理智範圍會變小，因此考慮問題時會變得格外偏激，主觀化嚴重，自控能力也隨之下降。結果，平時許多不起眼的小事都被無限誇大，成為爆發衝突的導火索。在這種情況下發生的人際衝突，往往無益於解決問題，反而導致許多有害的後果。

李芳去隔壁辦公室借電話，進去後發現一共有兩支電話，就問旁邊的同事，哪支是內線？那位同事沒說話。李芳以為對方沒聽見，就伸出指頭戳了她一下，輕聲說：「問妳呢！」當然不是氣勢洶洶的口氣，平時彼此說話也都很隨意，沒想到對方竟一下子站起來，破口大罵，旁邊的兩個同事勸也勸不住。吵了幾句後，一肚子怒火的李芳也忍不住開始反擊。

工作場合中，同事間難免有摩擦，如果處理不當，會造成嚴重的衝突，惡化彼此的關係。所以，和同事發生衝突摩擦時，不要急著往前衝，請後退兩步。後退兩步，不表示我們甘於懦弱，反而可以讓我們的視野更開闊，把情況分析得更透徹，做出正確的判斷。

讓步是一種智慧，是高尚的修養。尤其在職場上，難免與同事摩擦，如果處理得當，將激烈爭執轉化成冷靜溝通，反而有助於徹底解決問題。

有個大學畢業生，應聘上一家行銷公司。依公司規定試用期滿三個月，他卻遲遲沒接到正式聘用的通知。他十分生氣地找上副經理，痛陳自己為公司付出的一切，破口大罵後就提出辭呈。副經理請他再考慮一下。

但他更加火冒三丈。爭執中，副總也跟著動了氣，明明白白地告訴他，其實公司不但已經決定正式聘用他，幾位主管開會討論後，還決定提拔他為行銷部的副主任。

但他這麼一鬧，公司無論如何也不願意再聘用他了。這個涉世未深的大學生，因為自己的衝動，白白喪失一個絕好的工作機會。

人在情緒衝動時，大腦就容易短路很難做出正確反應。一旦忍不住情緒，難免失去理智、做出愚蠢的決定。當脾氣爆發時應自問：「這樣做能否達到目的？對解決事情有無幫助？」千萬不要因為一時衝動，就犯下難以挽回的錯誤。

某位炙手可熱的一線巨星，在一次影壇盛會，被認為極有可能再次獲獎。然而，到了頒獎當天卻事與願違。原因不是因為競爭激烈，而是他暴躁的性格、愛亂發脾氣的壞習慣。

一旦離開攝影機，這位巨星簡直就變成暴躁的獅子。他是個愛發脾氣的人，雖然觀眾喜歡有性格的演員，但是他的脾氣根本沒有幾個人能夠忍受。

頒獎前，他因為電視台誤刪某次訪談的對話，而狠狠地發了一頓脾氣，雖然後來為自己的魯莽行為道了歉，卻沒有得到諒解。評委一致認為該演員確實演技出色，但最後還是取消了他的獲獎資格。

人在不愉快時，往往會產生憤怒的情緒，從輕微的煩躁不安，到嚴重的咆哮大吼、亂摔東西，甚至喪失理智而做出愚蠢的事。久而久之，成為一種習慣，變成一種侵襲人際關係的癌症。

生氣是一種不良情緒、消極的心境，會使人悶悶不樂、低沉陰鬱，間接破壞人與人之間的友愛關係，阻礙情感交流，導致內疚與沮喪。據說，憤怒會導致高血壓、潰瘍、失眠等。

根據統計，情緒低落、容易生氣的人，罹患癌症和神經衰弱的可能性會比正常人大。憤怒和生理病毒一樣，是人體的一種心理病毒，會使人重病纏身、一蹶不振。由此可見，憤怒對人的身心只有百害而無一利。

其實，憤怒無法解決任何問題，只會讓事情變得更複雜。動怒的人很容易將自己的壞情緒傳染給別人，使別人的心情受到極大影響，因為負能量如烏雲，很多時候也擋住別人的陽光。

憤怒情緒是思維受大腦支配的結果，人類身為大腦的主人，應當行使權力控制大腦，使其既能敞開思想的大門，讓好的東西進來，又能理性思考選擇，把不速之客拒於門外。面對生活中的一些事，最好不要細想，更不要鑽牛角尖，與其越想越氣，不如將它拋在腦後，以保持愉快的心情。

嘮叨是刀，即使好話說3遍也不甜了

卡內基曾說：「嘮叨是愛情的墳墓。」陶樂絲・狄克斯則指出：「一個男性的婚姻生活是否幸福，和他太太的脾氣性格息息相關。」根據狄克斯的看法，倘若妻子脾氣急躁又嘮叨，還沒完沒了地挑剔，即便擁有普天下的其他美德，也都等於零。由此可見，嘮叨會在人際交往中造成巨大危害。

甯蘭蘭從大二的時候，就和李剛談起了戀愛。大學剛畢業，兩人就結了婚。按說，他們應該是非常幸福的一對。但從結婚以後，甯蘭蘭就對生活中的大小事都牢騷滿腹。

剛開始李剛常常是黑著臉不吱聲，有時候也會大發雷霆和她大吵一頓，過幾天，兩人又和好了。但甯蘭蘭怎麼也無法改掉自己的壞習慣。終於有一天，甯蘭蘭又在嘮叨李剛碗洗得不乾淨時，他再也無法忍受，把所有的碗都摔在了地上，大聲吼了句乾脆離婚算了。甯蘭蘭頓時淚如雨下，李剛甩門而去。

其實夫妻之間，誰都可能在家務上出點小錯，而且一方偶爾說錯一兩句話，也是在所難免，但另一方不斷嘮叨，用放大鏡把常人都會有的小毛病無限放大，久而久之還養成習慣，往往會使夫妻間的距離越來越遠。

托爾斯泰是聞名全世界的大作家，出身貴族的他本來應該擁有非常美滿的家庭，然而當他受到先進思想的影響，開始摒棄和懷疑自己以前的作品，致力宣傳和平和廢除戰爭時，他的妻子卻不能容忍這種生活。她喜歡華服、金錢、地位、名聲和讚譽，於是不停嘮叨甚至哭鬧，要托爾斯泰將贈送給別人的版權要回來，她需要那些著作為自己賺錢。

他的妻子每天都為這類事情嘮叨、威脅，讓托爾斯泰厭煩到極點，最後甚至害怕見到她。他們之間已經毫無幸福可言，連最後的一絲憐憫，都被嘮叨摧毀了。

托爾斯泰八十二歲時，再也無法忍受家裡的那種悲慘壓抑的氣氛，於是在一個大雪天的深夜從家裡逃走。十一天後，托爾斯泰因肺炎病死在一個火車站內。他臨終前的要求，居然是不允許自己的妻子到他的身邊。對於一個妻子來說，這簡直是莫大的諷刺。

後來，托爾斯泰夫人在去世前開始悔悟，她對女兒說：「是我害死妳們的父親。」女兒聽後抱頭痛哭，因為她們知道正是母親不停地埋怨、批評及嘮叨，害死父親。

托爾斯泰夫人用自己的嘮叨，親手摧毀原本該屬於自己的幸福生活，還間接害死丈夫。嘮叨沒有為這位高貴的夫人帶來任何的好處，卻讓她眾叛親離。可見得，在燒毀愛情的一切烈火中，吵鬧是最可怕的一種。請想辦法讓自己遠離嘮叨，記住下列幾點：

1. 不要重複講話

凡事提醒三次以上就住嘴，不要再重複。嘮叨只會使戀人下定決心、絕不屈服。

2. 冷靜對待不愉快的事

別總是不厭其煩地訴說自己的不快和鬱悶。尤其當戀人心情不佳時，在對方面前嘮叨個沒完，只會引發戰爭。想辦法控制自己的情緒，或者把壞情緒藉由其他的途徑排解掉，等雙方都冷靜下來，再把事情拿出來仔細討論。討論的時候應該心平氣和，保持理智，不能使用過激的語言。

3. 用溫和的方式達到目的

「用甜的東西抓蒼蠅，比用酸的東西有效」，所以除了嘮叨，可以使用一些溫和的方法實現目的，譬如向戀人撒個嬌。

4. 培養自己的幽默感

以幽默的方式對待發生的事情，會讓心情更加舒暢。其實，很多事情是沒必要生氣的。有的人為一些不值一提的小事緊繃著臉，把甜蜜的愛情轉變成相互指責的怨恨，其實這時候可以趁機培養自己的幽默感，便能每天都擁有好心情。

如果你看對方有偏見，一出口就難以收拾

隨著經濟的迅速發展，情緒在日常生活中發揮越來越重要的作用，換句話說，一個人常流露什麼樣的情緒，生活就會是什麼樣子。當你以平和的心態面對生活時，生活會以微笑回報你。相反地，當一個人以憤怒與尖酸對待周遭人時，生活會回贈予更多的痛苦和失敗。

穩定情緒、降低衝突的四大法寶

人類能理性地控制自己的情緒，譬如覺得傷心時，應該設法找出失去的是什

麼？今後還能夠找回來嗎？你發怒時要問問自己：「誰得罪我？怎樣得罪的？我對那個人說了些什麼？我本來要說些什麼？為什麼我沒有說呢？」總之，要等情緒消退後，尤其是不愉快，再與他人交流溝通，就不會用刀子似的語言傷害別人的感情。

其實，我們平時遇到的事情或大或小，或間接或直接，其中涉及原則的事情沒有多少，在一些無關痛癢的小事上，根本沒有必要斤斤計較，特別是感情用事。否則，因為一兩句話傷害感情，實在非常不值得。

一般來說，太情緒化的人通常被認為神經質。這種人會給人一種不合群的感覺，人緣自然不好。因此，**言談舉止保持常態，在公開場合上不過度堅持己見，會更容易獲得別人認同。**

從前，有一個非常喜歡亂發脾氣的女人，她因為自己的脾氣而失去很多朋友。於是，她找到一個大師，想改變自己的現狀。大師聽完她的話，一言不發地把她帶到一間空房子，將她鎖起來，然後揚長而去。

這個女人當下氣得直跳腳，可是罵了很久也沒有人開門，漸漸地她開始苦苦哀求。當她終於聲嘶力竭，沒有力氣去吵鬧時，開始思考自己為什麼要來這裡？她原本是為了改變壞脾氣，苦惱並不是她最初企求的目的。

其實，人生不如意事十之八九。現實生活中，每個人不可避免會遇到種種磨難和衝擊，也會經歷痛苦和遭受失敗。既然我們無法改變過去，就應該把握未來。我們不能決定一件事情的發展方向，但可以控制自己的情緒。只有善於控制情緒，才能扼住命運的喉嚨，扭轉事物發展的方向。

要作情緒的主人，情緒是自己的，好壞要靠自己選擇。一個人若總是看誰都不順眼，別人也會如此看待他。因此，在與人交流時，要儘量控制自己的尖酸刻薄，過度充滿敵意的言辭只會讓朋友越來越遠，一個人用什麼方式對待別人，別人也會用同樣的態度回敬他。

不可諱言，人是情緒化的動物，只要受到一點委屈，就會大發脾氣，但是從情緒中掙脫出來時，經常感到後悔莫及，嘆息早知如此何必當初。其實，情緒是可以管理的，能調整、管理自己的情緒，就不會把一些事情弄得很糟。那麼，具體上應該如何做？

1. 要認識到「人無完人」

雖然口齒伶俐，但與人爭辯吵架時偶爾輸一次，是很正常的事。不要因為偶然的失敗就心理失衡，情緒一落千丈。在競爭激烈的現代社會，要體認到人無完人，不要事事苛求自己，要懂得隨時給自己充電，要求自己不斷進步，又允許自己偶爾失敗，才能保持心理平衡。

2. 得饒人處且饒人

在爭辯中，只要佔到了理，就應主動給人台階下、留點面子。如此一來，不僅在道理上戰勝別人，更在情感上戰勝別人，贏得信任和尊重，朋友就會越來越多，在遇到困難和挫折時，別人會主動幫助你。

3. 注意轉移，避免刺激

當感到悲傷、憂愁、憤怒時，大腦皮層常會出現一個強烈的興奮灶。倘若能有意識地調控大腦的興奮與抑制過程，使興奮灶轉換為抑制平和狀態，則可能保持心理上的平衡，從消極情緒中解脫出來。

例如，當自己煩惱不堪時，不要再去想引起煩惱的事，儘量避免煩惱的刺激，有意識地聽聽音樂、看看電視、翻翻畫冊、讀讀小說等，強迫自己轉移注意力。這樣就可以將消極情緒轉移到積極情緒上來，淡化乃至忘卻煩悶。

4. 理智控制，自我降溫

理智控制是指用意志和素養，控制或緩解不良情緒的爆發。自我降溫是指努力使激怒降至平和的狀態。凡是有理智的人，能及時意識到自己情緒的變化，當怒起心頭時，馬上意識到不對，可以迅速冷靜下來，主動控制自己的情緒，用理智減輕自己的怒氣，進而保持內心的平衡。

設身處地，說服人從同理心開始

日常中，很多人習慣將想法強加給別人，總覺得自己的做法和意見才是最好的，雖然出發點是善意，卻沒有站在對方的立場上考慮。所以，與別人商談事情時，應該站在對方的立場，詢問對方對事情的看法，尋求解決問題的方案，不應該自己決定標準和結論，逼迫對方接受自己的想法。

有一次，卡內基租用某飯店的大禮堂來講課。過了一陣子，他突然接到通知，租金要增加三倍。卡內基不得不與經理交涉：「我聽說租金要漲三倍，倘若我是你，我也會那樣做，因為你是飯店經理，你的職責是盡可能使飯店獲利。」

緊接著，卡內基為他計算一筆帳：「將禮堂用於辦舞會、晚會，短時間內可能會獲得更大利益。但是，聽我課的人是成千上萬的中階管理人員，正是你們飯店的潛在顧客，這是你花五千美元也買不到的活廣告。那麼，你覺得哪樣更有利？」經理一聽，馬上取消增加租金的要求。

卡內基沒有針對租金討價還價，而是站在對方的角度思考問題，從經理的職責、飯店的長遠營利說起，大大減輕對方的敵對情緒，促使他立刻收回原定計劃。在與對方交流時，站在對方立場上才能讓他聽著順耳、覺得舒服。將心比心、設身處地不僅能使他人快樂，也能使自己快樂。

站在對方的立場考慮問題，會發現彼此有共同語言，對方的所思所想、所喜所惡都變得可以理解，甚至顯得可愛。在各種交往中，你都可以從容應對，要麼伸出理解的援手，要麼防範對方的惡招。

但在生活中，許多人不懂得如何站在對方立場上思考和說話，導致很多事情功敗垂成。站在他人的立場上說話，便能適時給他人一種為他著想的感覺，這種投其所好的技巧具有極強的說服力。要做到這一點，知己知彼十分重要。唯先知彼，才能從對方立場上考慮問題。

成功的人際交往常有賴於語言的加持，當發現對方的真實需要，並在言談中實現自我目標的同時，也可給對方指出一條可行的路徑。

二戰期間，前線戰事異常緊張。有一天下午，美國海軍五星上將尼米茲

（Chester William Nimitz），正焦急地等待著一份檔案，卻遲遲不見助手的蹤影。氣呼呼的尼米茲來到助手的辦公室，發現他正趴在桌子上打瞌睡。

當尼米茲要開口訓斥對方時，卻猛然想起，因為戰事激烈，他的助手忙得兩天兩夜都沒有合眼，此刻想必已經疲憊到極點。尼米茲看了看屋內堆積如山的資料，又看了看因為長期缺乏睡眠、日漸消瘦的助手，默默地從桌上找出需要的文件，輕輕為助手披上外套，隨後關門離開。

第二天早上，助手十分不好意思地向尼米茲道歉。尼米茲笑著揮揮手，讓他繼續做自己的事情。這件事很快就在尼米茲的部屬間傳開。許多人覺得，能與這樣懂得體諒人的上司一起工作很幸運，於是工作得更起勁。

當別人出現小問題時，不妨將心比心地站在對方的立場，真誠地體諒他的難處。盲目地指責無法解決問題，只會讓人對你敬而遠之，在無關大局的小事上，善於體諒和寬容，才能與別人心息相通，增進感情和鞏固團結。

美國汽車大王福特（Henry Ford）說：「假如說成功有秘訣，那就是站在對方立場認識和思考問題。」

真正會說話的人善於從別人的角度思考問題，並且樂此不疲。他們在一次次說服的過程中，吸收經驗、記取教訓，不斷培養自己養成這種習慣，最後達到說話高手的境界。

與別人意見不一致時，若能站在對方的立場認識和思考問題，也許很快就能解決矛盾，還能讓雙方建立信任。

用6方法控制情緒、建立自信，你便能溫暖人心

自卑是壓抑自我的沉重枷鎖，是一種消極、不良的心境。在通常情況下，固執的自卑者，總認為自己存在這樣、那樣的不足。在他們的心目中，沒有「自信」這個詞。

他們大多時候總是在困難面前退縮，在心儀已久的異性面前抬不起頭，在有錢的朋友面前感覺囊中羞澀。這些人一旦碰到困難，很容易認定自己一無是處。

自卑的人內心深處往往對自己抱持懷疑的態度。他們的自卑可能源於自認為形象不佳，或是原生家庭狀況不好、經濟條件比別人差，或女朋友（男朋友）容貌不夠出眾。他們內心深處極度恐懼，擔心這些弱點會遭人嘲笑。自卑的人總是

臆測他人對自己的評價，例如：「你長得真夠婉約！」、「你工作這麼多年，怎麼收入才這麼點啊？」「天哪，你的戀人長得真樸實，不過跟你恰好般配」等等

換句話說，自卑讓人低估自己的形象、能力及品質，習慣拿弱點與別人的長處比較，而覺得自己一無是處，什麼都不如別人。然後，越來越自卑，越來越抬不起頭。概括地講，自卑會消磨鬥志、軟化信念、淡化追求，使人從自我懷疑、自我否定開始，以自我埋沒、自我消沉告終，陷入悲觀的深淵而不能自拔。

自卑還常常伴隨怠惰，往往替自己在有限的目標下苟活作辯解。自卑不僅容易使心理活動失去平衡，還會加速身體衰老。

所以，在與人交流時，一定要放下內心的自卑。只要放下自卑，每個人都可以在關鍵時刻發出光彩，進而改變自己的生活狀態，甚至影響別人。當我們學會欣賞和發掘自己，就會發現自己也是一座金礦，蘊藏著幸福和快樂的寶藏。那麼，具體上我們應該怎樣做？

1. 告訴自己：「我可以」、「我能行」

想要放下自卑，必須先學會欣賞和表揚自己。當自卑感作祟時，不妨把自己的優點、成績及滿意的事都找出來，在心中炫耀一番，反覆刺激和暗示自己：「我可以」、「我能行」、「我真行」。開始時可能感到不習慣，但過不了多久，就會發現「天生我材必有用」，而逐步擺脫「事事不如人，處處難為己」的自卑陰影。

2. 多看看自己的長處

如果只看到自己的缺點，表面上看起來謙虛，實際上是自卑心理在作怪。其實，每個人都有自己的優點和不足，倘若能夠客觀地評價自己，在認識缺點的基礎上，看到自己的優勢和長處，就能激發自信心，進而努力成為優秀的人。

3. 放下不必要的虛榮心

自卑與自傲看起來相距甚遠，實際上是孿生兄弟。一般來說，自卑心過強的人往往自尊心過強，他們心理包袱很大，不能輕裝前進。在某些時候，虛榮心督促人努力奮鬥，然而一旦失敗，就產生更大的失望，內心的打擊也較平常大很多。在這種情形下，首先要明白：這個心理包袱完全是自尋煩惱的結果。最好的解決方法是學會放下面子，丟掉不必要的虛榮心。

4. 在眾人面表現自己

卡內基說：「當眾發言是增強自信心的有效突破口。」這可說是克服自卑最有效的辦法。回想一下自卑心理的情況，假設發生在當眾發言的情況下，請不要放過每次當眾發言的機會。

此外，當乘坐地鐵或公車時，在較空的車廂裡來回走走，或是當步入會場時，刻意從前排穿過，選擇前排的座位坐下，以鍛鍊自己、提升自信心。

5. 學會從小目標做起

一個人多次碰壁、屢遭挫折後，很容易覺得自己無能，於是感到自卑，做任何事情都會懷疑自己。因此，做事不要好高騖遠，要確立合適的目標，從小事做起，一步步嘗試自己能做的事，循序漸進調適自己的心理。

6. 採用6C鍛鍊法提升自信度

任何一個人倘若沒有信心、信念，就會生活在自卑中，每天戰戰兢兢地生活，唯有提升自信才能改變這種狀態。針對這點，薩姆提出有效的6C鍛鍊法如下。

- **溝通**（**communication**）：有能力表達自己的意願，以獲得自己想要的、需要的和應得的。
- **概念**（**concept**）：重視自己和生命。
- **能力**（**competence**）：積極參加各種能提升自己才能、帶來良好感覺的活動。
- **貢獻**（**contribution**）：透過一些有意義的行動，讓自己感覺有影響力，並促成一些事情改變。
- **管理**（**control**）：能夠主宰自己和生活。
- **勇氣**（**courage**）：有能力克服自己的恐懼，做一些明智的冒險。

重點整理

- 言語表達的方式及內容會因人而異，在與人交流時，一定要格外注意對象及場合。
- 情緒就像一把雙面刃，越瞭解怎麼駕馭它就能成為好幫手。
- 卡內基曾這樣說：「當眾發言，是增強自信心的有效突破口。」
- 要相信自己可以管住情緒，說話時不忘將心比心。

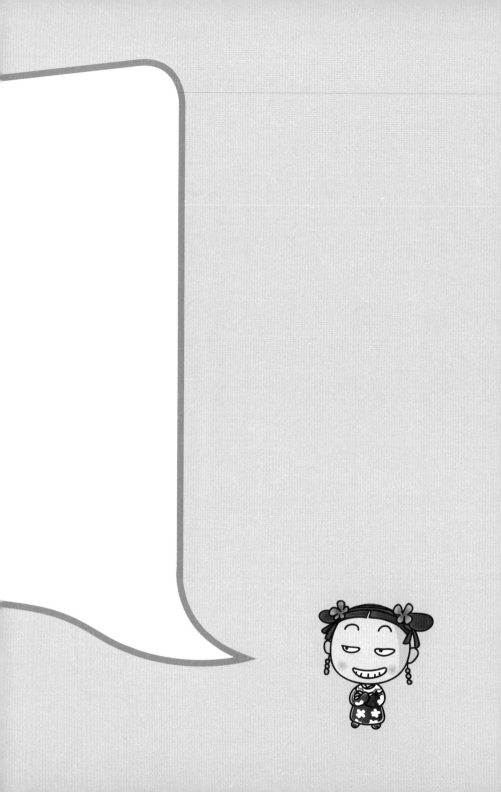

第4章

如何把「我拒絕」說得像「我接受」的回話智慧

猶豫不決的敷衍，其實對彼此都是折磨

拒絕是一道難題。在我們身邊，有不少人很苦惱該怎麼拒絕別人，總會擔心破壞彼此的關係，常常對此猶豫不決，但如果不拒絕，自己不堪重負，最後怨恨不已。其實，這種想法是非常不正確的。

當左右為難時可以這樣想：其實少一個朋友不會怎樣，因為我們身旁總會出現其他的朋友；沒有這段關係，會產生其他的關係，時間和空間總是在那個地方，總會有人填補。當然，對很多人來說，拒絕是道坎，難在人們賦予這個行為的涵義，不僅僅是拒絕本身。

為什麼拒絕最難說？

相信很多人都遇過這種情況：有人需要幫忙，即使我們內心非常不願意，但礙於情面總是不好意思說「不」。其實這是一種心理障礙，那麼應該如何拒絕朋友，又不影響友情？首先，要告訴對方理由，真誠且明確地把自己的難處和苦衷告訴朋友。換句話說，拒絕時要乾脆明瞭，不要磨磨蹭蹭、猶豫不決，更不要模棱兩可、拐彎抹角。

老李是個老好人，誰家有什麼急事，他都會熱情相助，從來不說「不」。最近他為一件事感到煩惱：有個親戚做生意缺錢，老李為他到銀行貸款，但這個親戚經營不善，無法及時還銀行貸款。這幾天，老李白天找親戚討錢，卻沒討著，晚上回家後還得聽老伴抱怨。

礙於情面，不會說「不」，讓老李處於無限的尷尬，同樣的情況則讓品學兼優的林秀走上歧途。

林秀是個品學兼優的學生，鶴立雞群的感覺讓他感到榮耀，又感到孤立。有一次，班上某個同學主動向他示好，先是帶他逛網咖、吃美食，後來還到聲色場所接受一次異性按摩。一開始林秀非常不情願，但礙於情面還是接受了。之後這樣的邀約一而再、再而三，林秀居然漸漸荒廢學業，成為吃喝玩樂的問題學生。

再看看某隻駱駝和主人的故事。在風沙瀰漫的大沙漠，駱駝四處尋找溫暖的家。後來牠終於找到一頂帳篷。但帳篷不巧是別人的。最初，駱駝哀求主人，我的頭都凍僵了，讓我把頭伸進來暖和、暖和吧。主人可憐牠便答應了。

過了一陣子，駱駝說我的肩膀凍麻了，讓我再進來一點吧！主人可憐牠，又答應了。接著，駱駝不斷提出要求，想把整個身體都塞進帳篷裡。

主人開始猶豫，一方面他害怕駱駝粗大的鼻孔，另一方面外面的風沙那麼大，他需要有同伴和自己共同抵禦風寒和危險。於是，他有些無可奈何地轉身，為駱駝讓出更多的位子。

等到駱駝完全恢復精神，並且可以掌握帳篷的控制權時，牠非常不耐煩地說，這頂帳篷如此狹小，連我轉身都很困難，你就出去吧！

這個故事告訴我們一個道理：我們要學會說「不」。其實，很多人都明白，一步步的退讓、一次次的允許、一點點的獻身，結果是被趕出帳篷，但在關鍵時刻往往拉不下情面，不知道或不會說「不」。

「是」和「不」，是表明肯定和否定的兩種觀點。古希臘哲學家畢達哥拉斯提醒我們，說「是」或「不」都需要做最慎重的考慮。一旦你經過認真考慮，認為此事不妥，不妨大大方方地說「不」。使自己陷入被動局面，對人對己都是不利的。

心理學家認為，在人際交往中，不會說「不」是心理脆弱的表現。多數人擔心，拒絕朋友會傷害對方、失去友誼，所以總是委屈自己、成全別人。這會造成不必要的心理壓力，嚴重時可能演變成精神疾病。

「當孩子哭著要東西時，我該怎麼辦，是給還是不給？」一位母親諮詢心理醫生。

心理醫生笑了笑，送給她一段法國著名教育家盧梭的話：「當一個孩子哭著要東西的時候，不論他是想更快地得到那個東西，還是為了使別人不敢不給，都應當乾脆地加以拒絕。倘若妳一看見他流淚就給他東西，就等於鼓勵他哭泣，是在教他懷疑你的好意，而且還以為向你硬討，比溫和地索取更有效果。」

心理醫生接著說：「孩子的欲望是無止境的，總有一天，你會拒絕他，而此時的拒絕給孩子的打擊，會比之前的拒絕要大得多。」

根據研究指出，當孩子放縱的欲望最終被拒絕時，輕者會造成孩子的焦慮恐懼、煩躁不安和悲憤絕望的心理，他會覺得世界上誰都跟他過不去，嚴重的情況下，還會引起孩子的輕生行為。

在溺愛中長大的孩子，到了成人後，性格容易有缺陷，抗壓能力弱，一旦被人冷落，就會變得絕望、消極、抑鬱，得不到滿足則會不擇手段。

心理學家認為，判斷人在社交中的心理成熟度，要看一個人能否自若地對他人說「不」，能否自動要求他人協助自己，能否接受他人的拒絕。能夠說「不」與接受拒絕，都需要自信和勇氣。

不會拒絕也不能自若地提出要求，又怕被他人拒絕的心態，在心理學上稱為「被拒敏感」。這種人看似擁有良好人際關係，他總是熱心助人，別人也喜歡找他麻煩，其實內心苦水只能自己往下嚥。這是典型的「死要面子活受罪」的社交焦慮。

具體來說，討好他人有雙重涵義：一是功利性的，即利用主動討好他人，達成某種目的；二是進攻性的，透過討好他人達成情感聯盟，防止樹立敵人，為自己取得舒適的生存環境。

所以，討好他人有積極作用，但過分討好會給自己和他人帶來無窮無盡的麻煩。「討好」、懼怕說「不」的心理，其實也是一種心理投射。害怕說「不」，實質上是自己內心受不了被人拒絕，因此認為他人受不了拒絕，而不敢拒絕對方。

怕說「不」的內心情結，主要來自以下幾方面：⑴**怕說「不」的人在過去經歷和人際環境中，必然有許多思維和思想的制約，難以發揮自主性、創造力，**所作所為在無形中被一種勢力控制，總是聽到和受到「你不要……」、「你不能……」、「假如你不……就會……」等說詞的指引。

當一個人的個性漸漸對「不」字高度敏感，他將不得不服從權威，又厭惡和敵視權威。他心裡體驗的種種焦慮，是一個人在文化禁忌影響下，害怕被拒絕的原始創傷。

⑵**現代社會，許多人都很講究面子。人活一張臉，樹活一張皮，是集體無意識的情結。**重面子文化形成的人際規範，本質上是人的自尊需要。在與人交往時不要讓自己變得懦弱，要讓自己立足於複雜的現實社會中，需要讓學會適當的拒

絕方式，讓自己活得比較順利與滿足，在交際中找尋自由，才會使得自己不會過於委屈。請牢記這一點，人活在這世上不是事事都能自己做主，最重要的還是學會拒絕別人。

不拒絕的敷衍，也是一種傷害

日常生活中，有些人常常覺得不便說「不」，轉而隨便找些理由搪塞對方，以求一時的解脫。其實這種方法並不可取。一方面，這種做法會影響到雙方之間的友情，另一方面對方也不一定會讓你如願以償。拒絕總是會讓人感到不愉快。委婉地拒絕無非是為了減輕雙方的心理負擔，並非玩弄技巧來捉弄對方。

特別是上司、師長拒絕部屬、晚輩的要求時，不能盛氣淩人，要以同情的態度，關切的口吻講述理由，使對方心服口服。在交談完畢後，一定要熱情地將請求者送出家門，並且表示歉意。一次成功的拒絕，可能為將來的重新握手、更深層次的交流，播下希望的種子。

畢竟，每個人的時間和精力都是非常有限，手上總有著各種事情等著處理，拉不下臉拒絕只會讓自己疲憊不堪。

劉宇部門的主管要退休了。因為他平時對大家都很好，同事決定請他吃頓飯。在飯局上，大家喝了不少酒，聊了不少辦公室八卦。

飯局快結束時，主管拍了拍旁邊的劉宇，笑笑說：「小宇什麼都挺好，就是不懂得拒絕，所以有些事情反而做不好。」原來，他們部門裡有條隱藏的潛規則，誰手頭的工作比較忙，有什麼任務不好解決，或懶得去做的事情，通通留下來找劉宇幫忙。大多數情況下，劉宇都不會拒絕，即使他心裡很不情願。

結果，最先抱怨的並不是劉宇，反而是辦公室裡其他的同事。例如，有次劉宇的同事拿著幾分資料，請他幫忙做一份企劃案。劉宇看到自己辦公桌上堆積如山的工作，拒絕的話在舌尖上轉了幾轉，最後還是咽了下去。

同事開心地下班了。劉宇為了那份企劃，整整熬了兩個晚上，查資料、翻文庫，匆匆忙忙把企劃方案完成發給對方。不到一週，劉宇路過茶水間時，聽到有人在議論：「劉宇根本就不行！前幾天幫我做一份企劃，一給主管，市場資料都是錯的！早知道這樣，我就自己做了。」劉宇心裡一陣委屈，很不理解怎麼到最後都成了自己的錯？

劉宇不顧客觀條件亂當老好人，到頭來非但沒有將「忙」幫好，反倒招人不滿，既傷害自己的熱情，也造成公司損失利益。

從事銷售的王虹遇上一位工作狂的主管，很多同事都極力想避開這位主管，唯獨她能始終保持極佳的工作狀態。

王虹是怎麼做？她說：「一開始我也像他們一樣以辦公室為家，日日夜夜工作，在我的字典裡，「休息」這個詞似乎早就不存在了。後來我發現，工作狂主管通常疏於考慮自己分配下去的任務量，想當然地認為沒問題。所以，後來如果我覺得工作量過大，超出個人的能力，絕對不會蠻幹。

要知道，倘若你不說出來，工作狂主管是不會體會到你的負荷已經到了警戒線。這也不能怪他。」

每個人的承受能力不同，主管怎麼可能體會到各個員工的狀況，以及在執行工作時的難度和苦衷？這時候，員工應該主動與主管溝通交流。口頭上的陳述困難或許有故意推託之嫌，可以選擇書面呈送工作時間安排和流程，靠資料來說明工作過多，讓主管相信過多的工作會降低效率，導致工作完美度直線下降。

合理正確的溝通可以讓主管瞭解員工的需求，適當調整任務量和完成時間，或選派更多的同仁來幫忙分擔。正如案例中的王虹，如果怕得罪主管，勉強接受所有任務，卻無法完成任務，更會受到主管的責備。倘若因為自己不事先說明難度，最後耽擱公司整體事務的進展，罪過就更大了。

坦誠拒絕的方法不僅適用於主管，也適用於周圍的同事。當然，坦誠拒絕也要講究方式，否則今天你拒絕他，難免明天你有求於他。

在拒絕的過程中，除了技巧之外，還需要發自內心的耐性和關懷。若敷衍了事，對方完全看得出來，這樣會讓人覺得你不誠懇，對人際關係傷害更大。

總而言之，只要拒絕不是故意推諉而是出於無奈，主管必定會體諒你的苦衷。倘若你不滿意目前的工作，覺得自己再待下去，也是前途渺茫，其實不必勉強自己，可以瀟灑地揮手告別目前死氣沉沉的地方，這意味著嶄新的一天將重新開始。

說「不」，技巧勝過態度

在我們身邊，有些人凡事都逆來順受，不是因為熱心腸，而是因為不懂得如何拒絕別人。這樣的人每天都有做不完的事、操不完的心，但絕大部分的事情，原本都與自己沒什麼關係。

這樣的人臉皮特別薄，做事情也都違背本心，而且有很大的心理壓力。其實拒絕也可以很動聽，只要將語言換一種方式來運用，就能有效地表達「委婉拒絕」的意思，對方也能更清楚地明白你不同意的想法。

雲晴是市場部的員工，她在委婉拒絕別人方面是一個高手。每次拒絕別人前，她都會仔細地傾聽，儘量弄清楚別人真正的意圖，之後再給別人幾個建設性的建議，讓自己從中脫離出來。這樣做即使拒絕別人，也給對方足夠的尊重。

某天，公司要召開新品發佈會，在會上，除了要作新品宣講和演講之外，還要搭建展台，讓合作廠商展示相關的產品。整個專案的預算龐大且公關手段超強，請來的多家媒體在國內都有一流的影響力。因此，每一個能在公司講台演講的廠商，不僅可以獲得搶眼的展位，還能取得極佳的宣傳效果。為此，各大廠商爭持不下。

兩個戰略合作經理，為了讓自己負責的合作廠商在這次發佈會上贏得機會，都向此發佈會的負責人雲晴提出要求，希望可以將產品放在最顯眼的位置。

但是，最顯眼的位置只有一個，同事關係都很好，而且這些宣傳都需要戰略合作經理配合，所以雲晴做這個決定時顯得十分艱難。一旦處理不好，不僅會得罪同事、合作廠商，還可能會直接影響發佈會的品質。

然而這件事情沒有難倒她。面對這種情況，雲晴沒有直接回答行或不行，而是先發制人，用一連串的問題（見圖表），讓對方跟著她的思路尋找解決方法。

雲晴很聰明地提出一個詞「公平」，這兩位戰略合作經理就是因為想要徇私，才提出要求，如此一來，他們不敢揪著這個問題不放。由於雲晴還要與其他部門溝通，調出真實有效的資料，這樣不僅讓展位得到解決，兩位經理也沒有記她的仇。

問：這次參加新品發佈會的廠商就只有你們這兩家嗎？
答：當然不止，有十多家，但是我們這兩家最大也是最重要的。
問：如何衡量合作廠商的重要性？拿什麼參數作為依據？
答：當然是我們進貨的數量、推廣配合的程度，還有廣商的知名度。

問：你們部門有沒有以這些參數為基礎，來排列所有合作廠商的先後順序呢？

答：當然有，每個季度都會更新。

問：你們上個季度是如何排列的？有沒有什麼調整變化？我們展示的一定是頂尖廠商的設備。我先發郵件到你們部門，然後調出所有廠商排序表，再和你們部門確認。得到認可後，我會在站台的平面圖上，標出各個廠商的位置，這樣就不會把有過節的廠商放在一起。倘若大家同意，我會呈報給法務部，看看有沒有什麼潛在的法律問題。這樣做比較公平吧？

答：那就這樣吧。

由此可見，掌握說「不」的技巧十分重要，大致上有以下幾個：

1. 看場合，再拒絕

私下拒絕比當眾拒絕好。若拒絕對方時，有旁人在，對方會覺得沒面子，殺傷力太大。若實在無法避開其他人，最好事後馬上找機會向對方說明。

2. 表現友好，先肯定再拒絕

態度友善、先給予肯定再拒絕，能降低對方被否定的感受。與其說「我不同意你」，不如微笑著說：「你的簡報做得真精彩，但有些地方無法完全說服我。」

3. 「貶低自己」勝過「否定他人」

比起單方面否定他人，可以表現謙虛、心有餘而力不足的態度，適當貶低自己，來平衡對方的期望落空，同時記得對事不對人。與其說「我不能幫你」，不如說「我很想幫你，但這件事我實在無能為力」，或者推薦更適合的人選。

4. 巧妙借用別人的話來拒絕

巧妙借用別人的話，同時主動表示歉意或同情，讓對方知道自己的難處。例如：「實在很抱歉，我們公司規定不能……」、「我知道你很需要這個東西，只是我們老闆交代……」當對方知道不是你單方面就能做主，通常不會歸咎於你，也會知難而退。

5. 短暫延遲，暗示你有為難之處

毫不留情地立刻拒絕，有強大的殺傷力。面對別人提出要求時，專心看著對方眼睛，短暫沉默足以暗示你有為難之處。

或者，把拒絕稍微延遲，告訴對方「可以讓我考慮一下嗎？」「我再打電話跟你聯繫」，降低對方的期待，而且用電話拒絕往往比當面容易。請務必記住，不要拖延太久，因為癡癡等待卻落空會讓人更加不愉快。

6. 提出替代方案

講述當時情況：「現在已超過晚上十點了，明天還要上課……」，並闡明自己觀點：「我喜歡唱歌，很想陪您一起去，但……」，最終提出替代方案：「假如下次時間允許，請再給我一次機會好嗎？」

善用6句話回絕示愛，讓你顧及情面又講理

我們都知道接受與拒絕，是截然相反的兩種態度。相對來說，接受比較容易，拒絕比較困難。接受是相互吸引，但接受未必都好，受之有愧不好，受之無益不好，受之痛苦更不好。

有時候，接受意味著遷就、退讓、妥協，意味著軟弱、窩囊、麻木。違背心願的接受，是包袱、累贅及不開心，甚至是屈辱。在愛情方面，如果彼此真的是有緣無份，就應該選擇拒絕。

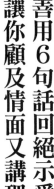

拒絕示愛，說「情」與講「理」

從情感角度出發，拒絕不管對哪一方來說都是一種傷害。不過，這只是一時的，隨著時間流逝，傷害會漸漸淡化。所以，要學會在不傷害對方的情況下，讓他平心靜氣地接受你的拒絕。

王林是一個二十六歲的男子，他有個特色，就是喜歡向年輕女孩搭訕。有一次，他和同事一起外出辦事，返回時，在月台上看到一位妙齡少女，正與男友告別。

王林為了排解旅途寂寞，走過去坐到女孩的身旁，假惺惺地勸她別太傷心。女孩不太想和他說話，王林卻厚著臉皮、喋喋不休。這時，女孩終於開口說：「大叔，謝謝！」

其實，王林年紀不算大，女孩稱他「大叔」，可說是一種高明的拒絕。尤其在愛情中，學會拒絕是很有必要的。不喜歡就不要給別人希望，否則只會造成更大的傷害。有時快刀斬亂麻比拖泥帶水有用。畢竟痛苦只是暫時，而後獲得解脫才是永久的。

有位非常漂亮的女明星，對大文豪蕭伯納說：「倘若我們結婚，生下的孩子有你的頭腦、我的面孔，那有多好！」

「不！」蕭伯納愁眉苦臉地說：「倘若生下的孩子有我的面孔、妳的頭腦，那有多糟！」

蕭伯納是舉世公認的幽默大師。他巧妙地拒絕讓對方不那麼難堪，在詼諧中知難而退，這一點值得每個人學習。許多難於啟口的話在不得不說出來時，必須找到最佳的表現方法，否則不但達不到目的，還會影響彼此的友情，甚至讓對方產生憎恨。

所以，在拒絕別人時，務必先想一想：自己該如何開口才不會傷害對方。運用幽默巧妙地拒絕對方，不失為一種好方法，不但不會傷害對方，而且能達到效果。

當然，拒絕別人時，態度一定要誠懇。語言是表達愛情的方式之一，當拒絕自己不喜歡的人、事、物時，不妨先正面讚美對方的優點，再以此回絕。婉言謝絕不僅給人台階，也可以讓喜歡你的人少受傷害。沒有愛情至少還有友情，這樣不是更好嗎？

此外，戀愛中遇到不現實或不合理的要求時，也要堅定回絕，讓對方知道你的回絕是為了他好。具體上應該怎麼說？

1. **我也希望能這樣，但我確實做不到：**這樣說雖然有點直接，但如果你這樣說，對方會立馬明白你的意思。這是最有效的，比繞圈子簡單。

2. **和你一起挺開心的，但我一直都是把你當朋友：**有時你會擔心拒絕後，連朋友都做不成，然後模棱兩可，不好意思拒絕，但這樣會讓對方更加難受，而且根本猜不透你的心思。所以，倘若你對愛情和友情都十分重視，一定要說清楚，對方才會把你當作朋友。

3. **我覺得我給不了你什麼：**倘若你確定不想與他交往，而且對於他的友情也不看好，你應該直截了當地說清楚。敷衍和沉默都是很不恰當，只會讓他覺得還有機會。

4. **我還不瞭解自己的感覺，不想馬虎開始一段戀情：**這句話是非常含蓄的回答，也是殺傷力最小的話。倘若你確實覺得他不錯，但不知道對他的感覺，或許以後接觸久了會萌生情愫，這樣說不失為一種明智的選擇。但如果你不希望糾纏，這句話會產生反作用，除非你只是想玩玩而已。

5. **感覺我的性格與你不相符合：**有的人會把告白呈現得很驚喜、很意外，就像電影一樣，然後兩個人幸福地在一起。現實中，倘若有人對你這樣做，大部分的人都會覺得束手無策，慌張多於感動。如果你不喜歡這樣，應直接說自己不是高調的人。

6. **我挺喜歡你，但我不愛你：**這是拒絕告白最直接且最委婉的一句話。絕大多數人會採取這種方式，這樣可以顧及對方的感受，既不會讓他太尷尬，又清楚說明自己的觀點。「我們還是做朋友吧，而且你是我很重要的朋友」這種說法，應該可以讓對方欣慰地接受。

被求助時，與其勉強幫忙不如指點迷津

現實生活中，我們經常遇到一些傷腦筋的情況，例如：一個品行不良的熟人非要和你借錢；熟識的業務員向你兜售物品；患難之交曾在你最困難時伸出援手，現在有求於你，而你心有餘卻力不足，但對方不相信，且認為你忘恩負義，故意不幫助他。遇到這些問題時，你該怎麼辦？

被求助時勉為其難，不如指點迷津

當有人向你求助時，你因為不好意思當場拒絕，而輕易承諾自己不能、不願或不必履行的職責，但事辦不成後會更加難堪。所以，應該拒絕時就拒絕，但一定要注意自己說話的語氣。

在適當的時機，你可以為他人指點迷津，這樣別人既不會對你心存怨恨，還會對你心懷感激。

小李是公司中級幹部，最近負責一項權責以外的工作，弄得頭昏腦漲。由於是第一次處理，很多地方都不是很明白，所以常在思考上花費很多時間，導致工作進度十分緩慢。

偏偏在這時候，主管要求他參加拓展業務的研討會。小李聽了，不假思索地拒絕：「不行啊，我現在根本就沒時間參加什麼研討會。」主管聽了，很不滿地說：「好吧，以後就不再麻煩你了！」

面對此種情形，小李應該先將主管的請求當做指示或命令。主管的一道命令下來，沒有拒絕的餘地，若不留餘地地拒絕，對方肯定會發火，因為是在大庭廣眾下丟面子。

要記得衝動是魔鬼。在拒絕時，最下策是直接以言辭表達，更忌諱馬上說「不」。當主管提出要求時，部屬即使真的沒時間和精力，也要按捺住當時的心情，然後委婉地拒絕。

聰明的部屬即使不能按照主管的想法去做，也懂得委婉地表達，甚至會選擇時機，向主管提供更好的解決方案。例如：「真對不起，我雖然很想去，但我現在被一項新任務搞得頭昏腦漲，您看能不能讓小王……」

如果部屬一時衝動說出不該說的話，要馬上請求對方原諒，並提出善後方法。在小李的例子中，既然已經傷害主管的自尊心，就要馬上表示歉意：「對不起！我被工作搞得脾氣太大了。」，一般情況下，當部屬低頭道歉時，主管會反省自己的舉動。如此一來，部屬與主管的關係才可能重新好起來。

事實上，請你辦事的人相信你能解決這個問題，對你抱有很高的期望，而對你的期望越高，你越難拒絕。當你拒絕時，倘若過多地炫耀自己的本事，反而會在無意中抬高對方的期望，增大拒絕的難度。倘若適當地聊一聊自己的短處，就能降低對方的期望。

在這個基礎上，抓住適當的機會多講別人的長處，可以將對方的期望自然地轉移過去。這樣不僅能達到拒絕的目的，還能讓被拒絕者得到更好的選擇，由意外驚喜產生的欣慰心情，取代原來的失望和煩惱。

當他人確實有困難需要幫忙，你無力承擔或不想插手時，可以為對方尋找其他出路，弱化可能產生的不愉快。你可以說：「這件事我實在沒有時間幫你處理，你不妨找某某試試」、「這份資料我這幾天就要用，不過圖書館還有一份沒借出去，你趕快去應該可以借出來。」

對方有了其他出路，就不會太在意你的拒絕了。具體上，要如何坦誠拒絕他人，還不會得罪人?不妨參考下面的對話。

小林：「小張，王經理讓我把這些資料整理好，但我怕做不好，你能幫我個忙嗎？」

小張：「當然可以，不過我自己的工作還沒結束。其實，以你的能力和素質，是完全可以勝任的。不如你先處理，看我能幫你另外做點什麼？」

小林：「好的，謝謝你啊！」

小張這一番話說得非常妙，既有拒絕又有建議。總之，在不得不拒絕別人時，適當地為其指點迷津，確實是很好的選擇，既不會得罪人，又可以讓別人對自己心生感激。

不想直接拒絕，你可以刻意拖延、提出選擇……

當別人有求於你，你直接地拒絕對方，很容易傷害到對方的自尊心。因此，儘量不要一開口就說「不行」，應該尊重對方的願望，先給予關心、同情，然後講清楚實際情況，說明無法幫忙的理由。

拒絕前先給糖，給一個情緒安慰獎

當你打算拒絕別人時，首先要考慮對方可能會有的反應，接著要運用準確恰當的措辭，讓對方產生共鳴。當被拒絕的人相信你陳述的情況並體諒拒絕是出於無奈時，他不但不會埋怨，反而比較能理解。

舉例來說，在拒聘某人時，假如羅列對方的缺點會十分傷人自尊，不如先稱讚他的優點，然後說明不得不婉拒的理由，對方比較容易接受，甚至會感激。

在我們的周遭，很多人不懂得如何拒絕別人，認為這是一件十分困難的事。當別人求助時，他們害怕拒絕會傷害對方的感情，導致兩個人的關係疏遠，但自己實在無法完成對方的請求，或是即使能做到，也會給自己帶來損失。

面對這種情況，一定要勇敢地拒絕。當然每個人都是有尊嚴的，因此我們拒絕別人時，必須顧及對方的心情，儘量不要傷害到彼此的友情。換句話說，在拒絕對方時，務必顧全他的面子。

在拒絕時，讓對方丟了面子，必然會使他心生怨恨，影響雙方今後的交情。唯有以巧妙的方式拒絕，能讓對方明白你無法配合的苦衷，又不覺得自己面子受損，這等於無形中給對方一個情緒上的安慰，雖然你沒有提供幫助，對方也可能把你當作知心好友。

希區考克執導某部影片時，有位女明星總是向他提出拍攝角度的問題，她左一次、右一次地告訴希區考克，一定要從她最好的一側來拍攝。

「很抱歉，我做不到！」希區考克回答：「我們拍不到妳最好的一側，因為妳把它放在椅子上了。」他的話引得在場的人都笑彎了腰。

幽默的語言通常可以調節氣氛，並且讓對方在笑過後得到深刻的啟示。如果以幽默的方式表達拒絕，氣氛會馬上鬆弛下來，彼此都感覺不到有壓力。

有位青年作家想與某大學的一位教授交朋友，希望今後在文藝創作和理論研究方面攜手共進。作家熱情地說：「今晚八點，我想請你在海天樓餐廳共進晚餐，我們好好聚一聚，你願意嗎？」

真不湊巧，這位教授正忙著準備下星期學術研究會的講稿，實在抽不出時間，於是他笑了笑抱歉地說：「對你的邀請，我感到非常榮幸，可是我正忙於準備講稿，無法脫身，十分抱歉！」

這位教授的拒絕是有禮貌又愉快的，而且那麼乾脆。從他的例子可知，對別人的意見表示反對時，要把你對意見與對人的態度區分開來，對意見要堅決拒絕，對人則要熱情友好。

對於很多人來說，拒絕別人是一件令人頭痛的事。當別人提出要求時，他們不好意思張口說「不」，因為這樣會傷害對方的感情，從而影響兩個人之間的關係。但是，有時如果答應別人的要求，則自己確實會有難處，或是喪失許多東西。很多人在面對這種矛盾時都非常苦惱，不知道到底該怎樣做。

其實，在自己真的有難處的情況下，或是當答應別人要求會使自身利益嚴重損失時，我們應該拒絕別人。但這時要考慮對方的感受，儘量不傷害雙方的感情。怎樣說「不」是一門學問，以下提供五個建議：

1. 欲抑先揚法

好友拜託你當中間人，向另一方說明某件事，如果你實在不願意淌這渾水，又不能以強硬的態度拒絕，可以先假意接受，然後進一步否決。

範例：「這件事讓我去說也不是不行，只是我認為如果我出面，事情會變得更複雜，所以這件事最好由你親自處理，會比較好一點……」

2. 刻意拖延法

假如你知道對方的請求其實必須馬上處理，但他沒有告訴你這一點，便可以採取拖延法。既然事情顯然無法由你完成，對方只得另謀他途。

範例：「這件事沒有問題，不過這兩天我要出差，等回來之後再幫你解決。」或「蓋章?當然可以，不過現在印章不在我身上……」

3. 提出條件法

這種方法的精髓在於，你告訴對方自己可以答應，但必須附加某種條件，而這種條件往往是對方無法實現的，也就是憑藉這個條件，讓對方知難而退。倘若對方實現我方提出的附加條件，我方承諾的事情也應盡力完成。因此，若你實在不願意接受對方的請求，不妨將條件訂得苛刻一些。

範例：媽媽對孩子說：「我可以買遙控賽車給你，但是這次考試你必須考一百分，否則免談。」主管告訴希望加薪的部屬：「加薪沒問題，不過你必須在一個月內，把這個專案百分之百執行好。」

4. 提供選擇法

工作與生活中，很多事情不見得只有一種解決方法，若此路不通，當然可以選擇另一條路，但心急如焚的人往往只看到其中一條。因此，當你覺得對方選擇的方式實在不妥時，可以向他們提供另一種幫得上忙的建議。

範例：「你說的方法很難實現，我恐怕無能為力。不過，我有另一個建議，你不妨嘗試……」對方接受你的建議，自然皆大歡喜，假如對方堅持原來的方案，那麼你無法幫忙也在情理之中，拒絕起來便順理成章。

5. 裝傻回避法

避實就虛、避重就輕是委婉拒絕的竅門。假設在宴會上，對方請你幫忙向另一個人關說，而你實在不想去，你可以裝糊塗地說：「他在哪裡？我怎麼沒看到？」你不要等他指明方向，立刻轉移話題，像是「今天宴會辦得真不錯，那邊好像有什麼活動，我過去看看，你自己逛逛吧」你說完後馬上走開，避免對方糾纏，這可以最大限度保留對方的面子，又能拒絕對方的請求。

6. 肢體拒絕法

當對方把事情講出來之後，你什麼話也不用說，只要默默地搖搖頭即可。雖然這個方法柔和，而且什麼話也沒說，但一切盡在不言中。你的意圖已透過具體動作，明確地傳達給對方。

重點整理

- 不敷衍的拒絕，是以降低傷害為出發點。
- 拒絕示愛，要說情還要講理。
- 拒絕別人的求助，要四兩撥千金。
- 怎麼說「不」很重要，不傷害他人感情才是最高明。

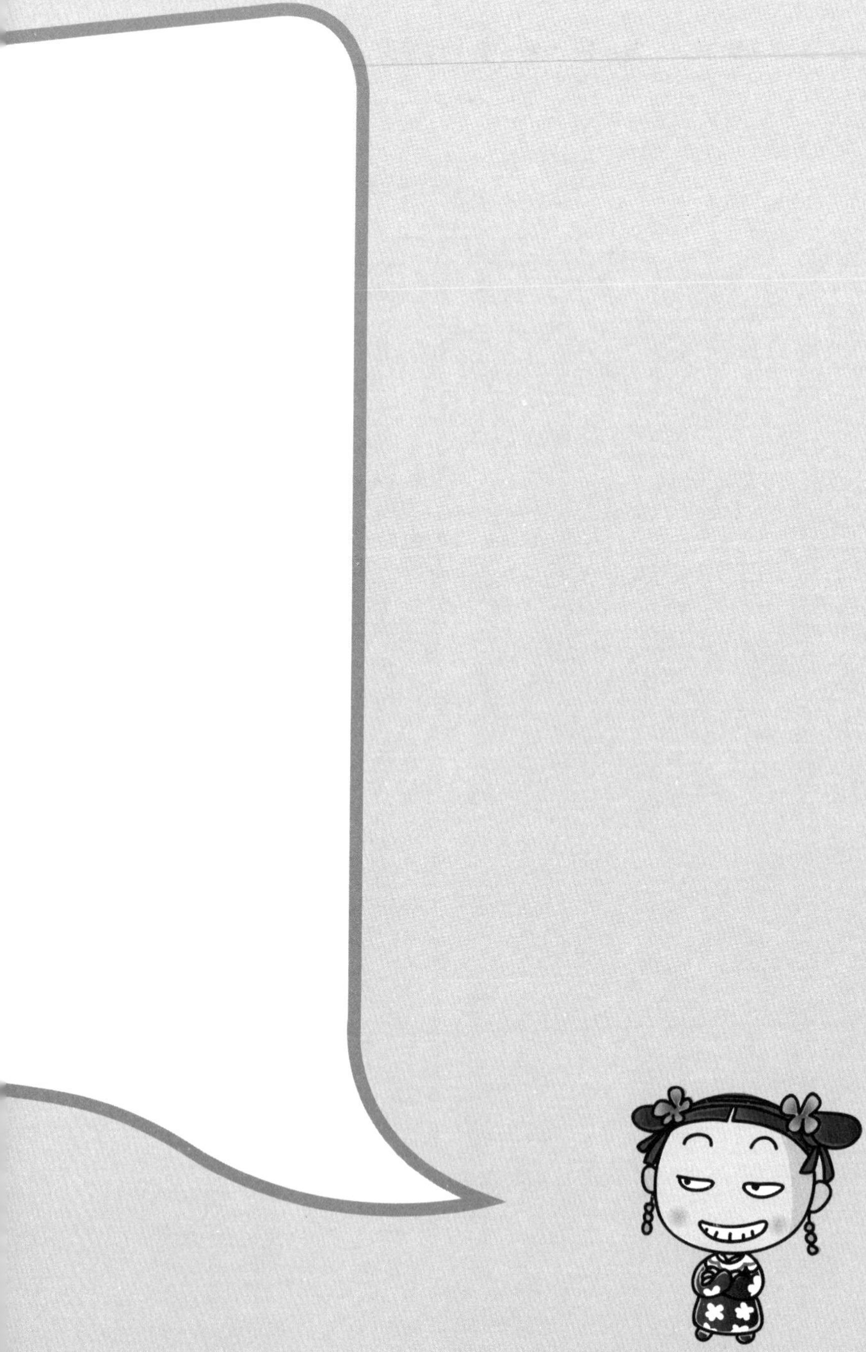

第5章

如何把「罵人」說得像「稱讚」的教導技巧

切記！別逞口舌之快，弄清真相再評論

各位是否養過貓狗之類的寵物？愛撫寵物時，最基本的方法就是順毛、輕輕撫摸牠們。每當主人做這個動作，貓就會瞇起眼睛，發出滿足的叫聲，狗則會快樂地搖尾巴，回過身舔主人的手、臉作出回應。如果逆著毛摸，貓狗就算不咬、抓主人，也會因為不舒服跑開！

同理，大多數人其實也喜歡別人「順毛」。因此，在一定的環境和條件下，無論是對上司、朋友、商業夥伴或偶遇的陌生人，說話都要揀好聽的來說，避免招來災禍。

他「做」錯了，但你別「說」錯了……

從人性的角度來看，每個人都希望別人按照自己的意願行動，但要讓人樂意從命，採取強硬的手段只會讓對方產生抗拒的情緒。所以，想擁有良好的人際關係，想在需要時影響某些人，不妨試試順毛法，那麼具體上應該怎麼做？

既然每個人都喜歡聽順心的話，從對方的角度出發，自然是最佳的說話方式。以下是幾個訣竅：

1. 傾聽

在社會上已有一些成就的人，通常都有很強的發表欲，當他們滔滔不絕時，你可以先做個傾聽者，滿足對方的發表欲，讓他對你產生好感，而且在傾聽的過程中，瞭解他的個性和觀念。

小技巧：順著對方的談話，發出「嗯」、「對」之類的贊同聲，或在恰當時機提出問題，讓對方說明。如此一來，他會把你當作自己的朋友。

2. 不要辯論

即使不認同對方說的話，也不要立刻反駁（除非你們是好朋友）。倘若交談是另有目的，更不適合爭辯一些模稜兩可的事，弄得雙方越辯越氣，最後不歡而散。

小技巧：辯倒對方不是你的目的。別逞一時口舌之快，破壞彼此的關係。

3. 稱讚

人人都喜歡被稱讚，這是一種順著毛摸的愛撫，花費不高，但效果驚人。

小技巧：對方的觀念、見解、才能、家庭……凡是有可能引以為榮的事情，都可以用來說出一些令雙方舒服的好話。

4. 引導

這是重要關鍵。尤其當順著毛摸的工夫是另有計劃時，更需要「引導」這個步驟。也就是說，交談時要在對方滿足後，再顯現自己的意圖，但不能讓對方感到不快。可以使用「不過……」、「可是……」的句型，例如：「我非常同意你的觀點，不過……」或是「我能瞭解你的立場，可是……」等等。

小技巧：先站在對方的立場，再說明自己的需求，更容易讓對方在不知不覺中，接受你的觀點和看法。

批評要講究方法，還要依據事實

批評是一門藝術，在與人交往時，批評和表揚同樣是激勵的方法，目的是限制或糾正對方不正確的行為，預防類似問題再次發生。批評者要清楚，批評是為了使他人知錯並改正，回到正確軌道上。但是，一般人對錯誤的分辨和認識有待提高，要做到合理的批評並不容易。

所以，必須學習、研究並掌握這門藝術。人非聖賢，孰能無過？在現實生活中，每個人都會犯各種錯誤，當你批評時，要讓對方感到心悅誠服、接受意見，不覺得你以權壓人。「就事論事」的批評原則是最根本的前提，也就是說，別空穴來風地附會，先弄清事情的真相，再進行批評，是在提出任何批評前必須遵循的重要原則。

對犯錯的朋友提出批評和建議是應該的，但做到合理絕不是一件輕鬆的事，很多人常會感到無所適從，尤其並非每個人都可以欣然接受別人的批評，而且要把握一個重點，那就是對自己並不清楚的事情，別急於評論和批評，以免招致誤會。只有越講究批評的方法，方能越增強它的效果。

孔子的學生顏回，在煮粥時發現有髒東西掉進鍋裡，便連忙用湯匙撈出來。顏回想把它倒掉，可是又想一粥一飯都來之不易，於是把它吃了。

這時，孔子正好走進廚房，以為顏回在偷吃，便提醒他。經過顏回解釋，眾人才知道事情的真相。

孔子感慨地說：「我親眼看見的事情，也不一定是正確的，何況是道聽塗說？」

眼見不一定是事實。我們應該記住，在弄清楚事實之前，切勿輕易下結論，若不想捕風捉影、冤枉好人，就不要急著批評沒把握的事。

有個高三學生平時不守規矩，班長一見到他就發火，他好像也習慣了。對於班長的批評，他剛開始是不吭聲，後來一看見班長來就走，若實在走不了，就斜過身子聽訓，給班長半張臉。

班上有個十分細心的女生，私下瞭解這個經常蹺課的男生，家裡生活困難，父母身體不好，需要他照顧。他本來學業就不太好，加上家中情況，所以班長批評時一臉不在乎。

她設法找了幾個成績好的同學，在星期天幫這個男生補課，甚至協助他做一些家務。久而久之，這個男生的學業有很大的進步，父母病情也好轉，而且他的行為也跟著改變。

處理方法不同，取得的效果自然大相徑庭。偏離真相的批評不僅無法解決問題，有時還會傷害對方的感情，影響雙方的關係。**現實中，導致批評偏頗的原因有二種：(1)將道聽塗說或污蔑的謠言信以為真，(2)批評者自己疑神疑鬼、無中**

生有。

沒有根據的猜疑、不信任的心態，會使我們無中生有地給朋友冠上莫須有的罪名。所以，我們應該實事求是，不要疑神疑鬼、聽信流言。批評是為了讓別人改正錯誤，但前提必須是對方確實犯錯。

不顧事實的批評不僅影響雙方的感情，而且使自己在團體中的威信大打折扣，甚至失去他人的尊重和認同。因此，為了確保批評不是空穴來風，批評者需要瞭解或調查自己聽到的資訊、自己懷疑的事情，以保證掌握事情的真相。

倘若事前調查不夠，事實真相與自己認知的情況有所差別，被批評者就難以接受。倘若你僅以別人打的小報告為依據，對被批評者大加批評，就更加無法令人信服。

所以，批評他人時要謹記三個原則：一是論事要準確；二是責任要分清；三是原因要查明。唯有從事實出發，弄清事情本來的面目，批評才能做到有理有據，受批評者才會心服口服。

在弄清楚事情真相後，最好不要急於批評犯錯者。首先，得認真傾聽對方的解釋，瞭解犯錯者的認知，有利於進一步的教育。

要注意的是，在傾聽的過程中，對方很可能說出一些旁人不清楚的真相。倘若沒有辦法立即證實，就應該立即結束批評，再進一步調查及瞭解。總之，對他人的批評必須以事實為依據，不能以個人情感好惡來進行。

「三明治策略」：表揚、批評、再表揚

美國著名實業家瑪麗．凱特．歐森（Mary-Kate Olsen）說：「不管你要批評什麼，都必須找出對方的長處來讚美，批評前和批評後都要這麼做。這就是所謂的『三明治策略』。小批評是夾在兩大讚美當中。」

批評可以不刺耳，只要用對表達法

每個人都有愛聽讚美的習性，在受到他人批評時，會害怕損害自己的利益。因此，被批評者在獲得批評者的肯定後，會像吃了一顆定心丸，不僅消除疑慮，

認為對方的看法全面且無惡意，便很容易接受他人的批評。

尤其在職場上，會說話很重要。不論是和同事或主管相處，肯定會有意見不合的情況，此時格外需要說話技巧，特別是有必要提出批評時，更要運用三明治策略，具體上分為以下三步驟：

1. 表達善意和肯定

先給予整體性的肯定，消除對方的防禦心理，然後說明你將針對具體問題，提出改進意見。

2. 具體指出錯誤

用溫和懇切的態度，說明錯誤帶來的負面影響，以及你的感受，並傾聽對方解釋。不要武斷霸道地不允許對方辯解，「只看結果，不聽解釋」的做法無益於解決問題。批評不是為了打擊或否定對方，而是要他心悅誠服地認識錯誤並改進，因此不要讓對方滿懷委屈地離開。

3. 提醒對方你很器重他，保護其自尊心

要請對方針對改進，做出具體承諾或實踐證明，這種方式可以讓批評更有效。

美國第三十任總統約翰．卡爾文．柯立芝（John Calvin Coolidge）的女秘書，長得很漂亮，但在工作上常粗心犯錯。有天早晨，柯立芝看見秘書走進辦公室，便對她說：「妳今天穿的這套衣服真漂亮，尤其很適合像妳這樣的女孩。」女秘書受寵若驚。柯立芝接著說：「但我相信，妳同樣能夠把公文處理得像妳本人一樣漂亮。」

從那天起，女秘書在處理公文時果然很少出錯。有位朋友知道後，便問柯立芝怎麼想出這個方法。柯立芝告訴他：「很簡單。理髮師給人刮鬍子，首先要塗些刮鬍膏，就是為了刮起來不會讓人覺得痛。」

柯立芝運用的就是三明治策略。這種委婉批評的方式，可以減少負面影響，使被批評者能愉快接受建議，不但簡單且更容易達到目的。任何人都可能在工作

上犯錯，粗暴地責備不能解決問題，反而可能引起對方的反抗心。

善於交際的人在批評他人時，會婉轉地裹上一層糖衣，使對方產生忠言不逆耳的感覺，得到事半功倍的效果。因此，要使人反思領悟，必須先學會婉轉批評。你說得再有道理，不等於對方就會接受。被批評者最害怕的是沒面子，要打消他們顧慮的最好方法就是先表揚、後批評。

在傷口上該灑的是糖，不要灑鹽

一個人不可能事事如意。誰都有不順遂的時候，因此你談論得意事時，要看場合及對象，面對失意的人要更寬容。大多數人遭受挫折時，都希望有個傾聽者。當你扮演這個角色，首先應該多傾聽、少開口，再選擇恰當的時機真心地附和，表示自己感同身受、能理解、可以分擔痛苦。

小郭約幾個舊友來家裡吃飯，想藉由熱鬧的氣氛，讓一位目前陷入情緒低潮的朋友心情好一點。這個朋友的公司，不久前因為經營不善而不得不關閉，妻子也正與他談離婚。眾人都知道他目前的情況，因此避免談論和事業有關的事。

但酒一下肚，其中一位朋友忍不住開始談自己的賺錢本領，以及花錢功夫。那位正處於失意中的朋友低頭不語，臉色十分難看，坐了一會就找個藉口提前離開了。

人生得意須盡歡。要一個人在風光時保持低調，太不盡情理，所以春風得意沒什麼好掩飾，想讓別人看見自己意氣風發的心態，也是可以理解。

但得意時也要看場合和對象，若逢人就沾沾自喜，很容易招人訕笑。特別是在失意者面前，更要盡量保持平常心，對失意者多點同情及理解，別讓對方覺得是在故意譏諷他，反而產生厭惡心理。得意時的快意，極可能是別人嚴重的心靈傷害。

當著失意者的面大談自己的成功，對方或許不會當場表現出什麼，但極可能會鬱鬱寡歡、耿耿於懷，甚至產生仇恨心理，即使不立即表現出來，失意者或許會透過各種方式來洩恨，例如：從此不再和得意者打交道，背後說對方壞話、故意為難他等等。

結果，你不僅失去一個朋友，而且還樹立一個敵人，這樣得不償失。在失意者面前洋洋自得，即使說者無意，難免聽者有心。

別讓對方誤認為這是自我誇耀，無視他的存在，或鄙視他的無知，從此忌恨你。談得意事應該向得意的人去談，同樣的道理，當偶有不如意使你覺得滿腹牢騷時，也別找得意的人分享，只會惹人討厭。要訴苦應該找相同境況的人，同病自會相憐，不但能得到精神上的安慰，還可以紓解胸中不平之氣。

總而言之，逢人說話不管是什麼內容，都要避免讓別人產生挫敗的感覺。切忌在正失意的人面前談論得意事。要儘量保持平常心，更要多點同情和理解。唯有如此，你的得意才能持久，你的朋友才會越多。

指責要分清場合，不必每次都當正義魔人

不恰當的批評很難讓人心服口服，對方即使表面服從，心裡也一定不服氣。所以，批評要講究藝術。尤其在職場上，員工難免犯錯，主管糾正時一定要注意場合，否則再溫和的批評也可能傷及對方的自尊。如此一來，想藉由批評達到改正的目的，就很難實現。

有一次，尼克偶然走進他的鋼鐵廠，撞見幾個工人正在吸菸。在那些工人頭頂的牆上，正掛著一塊「禁止吸菸」的牌子。尼克走到幾個工人面前，拿出菸盒發給他們每人一枝雪茄，然後請他們到別處去抽。工人立刻意識到

自己破壞規定，從此以後沒有人在「禁止吸菸」的地方吸菸。

尼克的批評是成功的，他沒有言辭激烈，但員工意識到自己的錯誤。這種含蓄的批評更能讓人接受。

羅莎是一家商場的經理。有一次，她看到櫃檯前有位等候的顧客，卻沒有店員理會他。負責這個櫃檯的店員，正在角落與另一個同事聊天。羅莎一句話也沒說，靜靜地走到櫃檯後，親自幫那位顧客拿取商品並結帳。

後來，負責這個櫃檯的店員主動向羅莎承認錯誤。羅莎卻說：「對不起，是我沒有做好管理工作。」店員聽了更加羞愧。從此，羅莎在商場裡，再也沒有看到店員怠慢顧客的現象。

羅莎既沒有大發雷霆，也沒有長篇大論地批評那個店員，可是對方領會其中的深意，並馬上糾正自己的錯誤。這樣既不傷害別人面子，又能解決問題，才是批評的最高境界。

職場上，常常見到一些主管在會議上批評員工，卻從來沒有站在員工的角度，感受被批評的滋味。試想，當有第三者在場時，批評會令員工感覺顏面盡失，也會令第三者感到尷尬，第三者會想下一個會不會就是自己？無形中，員工的心裡會留下對主管的心理恐慌，以及危機感。

這主管也許不是故意為之，只是出於習慣，可是它會大大地損害主管在部屬心中的印象，使得主管的個人魅力大打折扣，對主管的擁護程度也會減弱，企業將不會產生好的業績。那麼，位階較高的人到底應該怎樣批評部屬？

1. 公開表揚，私下批評

人都愛面子，倘若在公開場合批評員工，不但會使員工感覺很沒面子，甚至會使他對管理者懷恨在心，造成關係緊張。其實，員工在聽取管理者批評時，更關注同事對自己的看法。

有很多管理者會在會議中點名批評員工，這種做法是非常不妥的。在眾多同僚面前批評一位員工，不但會打擊士氣，更會打擊人心。員工也許會懷著忐忑不安的心開會，或許在主管批評後就有跳槽的想法。

反過來說，管理者的公開批評很容易讓員工認為，管理者只會批評，卻不會管人，每天就知道說別人，不會反省自己。這樣的管理者帶出的部屬，也會帶著這種作風批評員工，並認為這是理所當然的事。

這樣的管理者帶出來的團隊沒有戰鬥力，或者戰鬥力非常低。表揚員工可以透過文件或獎章，批評只需要一個電話就夠了。懂得尊重被批評的人，反而能促使對方反省自己的缺點。

2. 明修棧道，暗度陳倉

這種方式可以避免與員工直面交鋒引起員工的反感，通過間接的途徑來提醒員工，同樣能夠達到批評的效果。

某企業舉辦一個大型的活動，邀請很多有名的專家，而活動策劃者因為工作疏忽，沒將簽名冊帶到會場，而會議將在十分鐘後開始。恰巧這個企業的老總，是會議前一天晚上最後一個離開辦公室的人，離開時看到留在辦公室的簽名冊，便將它收好，第二天帶到會場。就在該策劃者準備到商務中心列印時，老總將簽名冊遞過去，並微笑著告訴他：「讓我當你的助理秘書，下次要發薪水喔！」

從此以後，這個員工沒有犯過類似的錯誤，並且策劃出很多深具影響力的活動，取得非常出色的成績。

3. 促其反省，留有餘地

畫家畫花時常常只畫一枝，不會畫滿，而且會在花枝上添一隻小鳥，由鑑賞者品味其中意境。詩人寫詩也是如此，寥寥數字就能展現「言有盡而意無窮」的效果。同樣的道理，主管要運用這樣的方式，讓部屬反省自己，而不是直接批評：「你怎麼搞的，這點小事都辦不了，丟三落四的，以後不許再犯類似的錯誤！」

員工聽到這樣的批評，會產生強烈的個人情緒，並且惴惴不安地想，主管是不是不重視我。因此，提醒每位主管、老闆，批評員工要點到為止，讓員工自己去思考、想像、反省，更能直入人心。

4. 鼓勵為先，鞭策為後

倘若某個員工沒有按照工作進度完成工作，主管不問進度安排．不弄清楚情況，一找他談話便說：「我對你真是太失望了！」員工聽後的第一感覺就是：「主管不重視我，一定是對我的工作表現不滿意。」

倘若換一種方式處理，讓員工瞭解你的意圖和想法，會更加有效。此時你可以說：「你做事向來很積極，總是按時完成，這次一定有別的原因吧，我很重視這件事情。」這樣不僅能夠圓滿解決問題，而且不會把職場關係搞得很緊張。

批評得留餘地，重複轟炸會逼人走投無路

在這個世界上，沒有一成不變的事物。言行與結果往往有一定的差距，因此每個人都該學著給自己留下餘地。讓自己留有餘地，不把話說死，是不苛求自己並善待他人的一種交流方式。

人情留一線，對人對己創造更大空間

人生在世，各人的經歷及位置不同，看問題的視角不一，對同一事物的見解就難免有別。有人看到這一面卻看不到另一面，反過來也一樣。因此，說話做事

留有餘地，是給自己一條在危難時可及時抽身的通道，也是為自己保留一個在失敗後能重新來過的機會。

吳老師當著全班同學的面，狠狠批評班上一個各方面都比較落後的學生，希望使他產生進步的動力。但事與願違，這個學生的表現不僅沒有變好，反而更壞了。

於是，吳老師找這個學生溝通。

「反正我再用功也沒用！」本來悶不吭聲的學生，滿腹怨氣地說。

「你怎麼知道自己學不好？」吳老師問。

「你上次就是這麼說我。」

吳老師的批評絲毫沒有收到預期的效果，原因出在他當下把話說得太絕了。在與人交談時不留空間，把話說得太武斷等於是堵死自己的後路，有時甚至把雙方的關係也弄僵。

阿己是個下肢癱瘓的小兒痲痺症患者，村裡人都認為他只能在地上爬一輩子，只有隔壁的二伯看他做事機靈、有板有眼，就讓他跟著自己學當竹藝師。二伯的老婆不同意，責怪二伯沒事找事，養了一個廢人！

阿己聽了很生氣，卻又無奈，為了不讓二伯為難，於是悄悄離開。那年他只有十歲。最初他只能沿路乞討，因為形象可憐，很多人給予援助，讓他渡過最困難的時期。

六年後，阿己靠自己的力量，回到家中和二伯一起開辦竹藝廠，還捐贈村裡五十萬修建小學。

可見得，任何事情都不要過早定論。世上沒有一成不變的事物，不要把話說死，要給雙方留下迴旋的餘地，做到求同存異，這樣的交流會富有彈性，也符合人的理性，更容易取得好的結果。

與最要好的摯友相處也是如此。當兩個人親密無間、不分彼此，就容易讓彼此模糊個性、喪失自我，交往相處便失去本來的意義。把話說得太滿，就像在杯子裡倒滿水，再也滴不進一滴水，再滴水就溢出來，也像把氣球充足了氣，再也灌不進一絲空氣，再灌就要爆炸。當然，在我們周圍也有人把話說得很滿，而且確實做到。

不過，任何事情總會有意外，並且不是我們能預料的。話不要說得太滿，就是為了容納這個意外。杯子裡留有空間，就不會使杯中物因為加進其他液體而溢出來，氣球留有空間，便不會因為再充一些空氣而爆炸，人說話留有空間，就不會因為出現意外而下不了台。

不管處於什麼樣的地位，有多少權力和金錢，一定要懂得善待他人，多給他人留點餘地，因為未來的變數太多、太大。沒有人能保證自己一生權高富貴，也沒有人會一輩子貧窮卑微，所以做任何事情都要留有餘地。

權力不可使絕，金錢不可用絕，語言不可說絕，事情不可做絕。待人處事、與人交往，只要存有寬廣之心，會發現腳下的路其實非常平坦。人不是生活在一時一刻，也不是與他人只有一次接觸，聰明的人懂得給自己留退路，懂得給他人留餘地。表面上是寬容別人，實際上是為自己鋪路，以免陷入死胡同，使自己前無出路，後無退路。

獅子發現一隻小鹿，便兇狠地撲過去。小鹿撒腿就跑，不料在慌忙中，掉入一口井裡。小鹿在井水裡拚命撲騰著，想跳到地面上來。獅子立刻撿起一根木棍，趴在井邊，使勁地搗井中的小鹿，想置小鹿於死地。

小鹿逃生不得，情急之中緊緊地抱著木棍，想抓住木棍爬上來。獅子看到此種情形十分惱火，為了拉回木棍，便把身子往前傾了傾，卻沒有想到身體失重，一下子掉進水井裡。

凡事都應該存有一顆寬容之心，得饒人處且饒人。倘若做事太過分，只想把對手往懸崖下逼，那麼，先掉下懸崖的往往是你自己。總之，世間事變化很快，無論做什麼事，說什麼話，都要給別人和自己留下餘地。

盲目地重複批評＝傷害的N次方

很多家長常常批評自己的孩子：「你怎麼又做錯了？前兩天做錯的事怎麼還不記著？」這些家長每每抓住孩子的過錯不放，一提再提，即使孩子改正錯誤，家長在以後的言語中還常常提起。我曾聽一位媽媽說過這樣一件事：

有一天，接兒子放學的媽媽與其他家長聊天，聊到了自家孩子身上。媽媽提及兒子有一次考試時，竟然連半張卷都忘記做。兒子一臉不高興，大聲說：「媽媽，事情都過去這麼長時間了，妳怎麼又提啊？」

媽媽說：「提一下還不行嗎？你本來就粗心大意啊，還記不記得上次，你居然只穿了一隻襪子就往學校跑。」這時，兒子的臉色越來越不好看，而與他同行的同學聽了她說的話後，都笑了起來。

這時兒子甩開媽媽的手就往前跑。這位媽媽才意識到情況不妙，連忙跟過去。只見兒子哭得很傷心，而且說：「媽媽，妳怎麼能這樣，整天揪著我的小辮子不放，我現在已經改掉粗心的毛病了，但妳還是對外人說。」

兒子的話讓媽媽明白自己做錯了：她不該在外人面前揭兒子的短，更不該揪著他的小辮子不放。這樣做不僅對孩子的教育不好，反而讓孩子心中產生反感，更加抵觸媽媽。

媽媽意識到這一點，鄭重地向兒子道歉：「今後，我一定不再揪著你的小辮子不放。即使你犯了同樣的錯誤，也只是就事論事，絕不再提以前的事情。」兒子接受她的道歉。孩子畢竟是孩子，沒一會兒心情便陰轉晴了。

從這個例子可以知道，家長實在沒有必要揪著一件事情不放，讓孩子因為這件事情而產生陰影，這實際上是對孩子最大的傷害。家長應該這樣做：孩子犯一次錯，只批評一次，不能重複批評，更不能老帳、新帳一起算。倘若再次批評，也不應簡單地重複，要換個角度、換種說法，孩子才不會覺得同樣的錯誤被揪住不放，於是厭煩、逆反的心理也會減少。

主管批評員工同樣如此，主管要宰相肚裡能撐船，要容忍部屬的過錯。因為每個人都會犯下這樣、那樣的過錯，不應該總揪著部屬的小辮子不放。揪多了，難免傷害部屬的自尊心，影響管理者在他們心目中的形象。在公司最危難時刻，部屬很可能會選擇落井下石。

部屬有錯，稍微批評一下即就可，要給對方台階下，切記不要做得太狠，否則會失去對方的信任。部屬和主管要形成一股前進的洪流，必須坦誠相見，才能齊心齊力。若主管總是抓著部屬的過錯不放，容易激怒部屬，給公司造成難以挽回的損失。

每個人都有錯，但每個人也有優點。若只見缺點不見優點，很難讓人信服。部屬抱怨管理嚴格，是對主管的不滿，也顯示出主管存在一些錯誤和缺點。做人應該大度，事情該過去就讓它過去。

安德魯．卡內基從蘇格蘭來到美國時，只是一名臨時工，但後來成為美國最大的鋼鐵製造商。曾有一個時期，有四十三位百萬富翁為他工作。一百萬美元在那個年代是巨額財富，即使在今天也是數目不小的一筆錢。

有人曾問卡內基，他是怎樣待人的？卡內基答：「待人就像挖金子，如果你要挖一盎司金子，就得挖出成噸的泥土。可是你並不是要找泥土，而是找金子。」他關注的焦點是什麼呢？是金子。

若只想在人和事中尋找缺點和錯誤，你將會找到很多，但要找的是金子，也就是找出每個人積極的一面和優點。公司主管揪住部屬錯誤不放，不是件什麼光榮的事。千萬別事後翻舊帳，部屬努力改了，主管卻在別人面前舊事重提，很容易傷了部屬的心，不利於公司團結。

諒解是最主要的。揪住了部屬小辮子後，應該及時放開。人非聖賢，誰能無錯？主管應該諒解，讓人信服。部屬有錯，及時給予糾正就可以了。誰也不想犯錯，所以諒解是非常必要的。

犯點錯誤是人之常情，常抓別人辮子不放，往往會使人感覺受到傷害，進而產生厭煩心理。主管要心胸寬廣，成為讓部屬不斷前行的力量。抓部屬小辮子，會阻擋部屬前行。部屬有錯，主管批評一下就完了，千萬不要總是盲目地重複批評。

也許你今天抓住部屬小辮子，難免某天你的小辮子被部屬抓到，而部屬敢抓你小辮子，自然是因為小辮子會讓你捲舖蓋走人。到時候，你後悔也來不及。

當然，倘若部屬有錯，應該適當地批評，但一味地揪住過錯不放是不對的。因此，「揪」必須留意程度。那麼具體上應該怎麼做？

1. 注意態度

部屬有錯，不要當場讓他下不了台。切莫小題大做，當場指責他的辦事效率。切忌斥其錯誤，要適可而止。

2. 事後補救

英明的主管儘管批評部屬，事後還會找他談心以化解矛盾，這樣特殊補救能讓部屬感覺溫馨。

3. 鞏固鼓勵

這個很關鍵，部屬糾正錯誤後，主管應該給予肯定，在他的同事面前加以表揚。這一方面能發揮一定的激勵作用，另一方面提醒其他同事。

4. 點到為止

主管揪部屬錯誤是必要的，能產生警惕效果，提醒部屬不要再犯同樣的錯誤，而且能提高工作效率，但別緊咬不放，提點一下即可。

想讓部屬信任主管，願意為主管犧牲、奉獻，必須先讓部屬感到溫暖，感到付出是值得的。抓住部屬的過錯不放，只會傷害其自尊心，挫傷其積極性。這樣往往會造成上下關係不協調，有損主管威信，導致業績下滑。

不要揪住部屬的小辮子不放，有錯輕輕提醒一下，但要及時放開，並且懂得補救。要讓部屬感覺溫暖，他才會更認真為團隊服務。懂放懂揪是團結合作的最佳選擇。

重點整理

- 批評別人時，擬定策略才能收到好成效。
- 每個人都愛聽順耳的話，用讚美包夾批評更容易達到目的。
- 別把話說得太絕，也不用每次都當正義魔人。
- 別逞口舌之快，別在失意的人面前沾沾自喜。

NOTE

NOTE

國家圖書館出版品預行編目（CIP）資料

說話可以犀利，但要帶點「甜」！：23 招教你，把「我拒絕」說得像「我接受」的情商智慧！／何亞歌著. -- 二版. -- 新北市：大樂文化有限公司，2024.02
224面；14.8×21公分. --（Smart；124）
ISBN：978-626-7422-10-6（平裝）
1. 說話藝術　2. 溝通技巧
192.32　　113001522

SMART 124

說話可以犀利，但要帶點「甜」！（熱銷再版）

23 招教你，把「我拒絕」說得像「我接受」的情商智慧！

（原書名：說話可以犀利，但要帶點「甜」！）

作　　者／何亞歌
封面設計／蕭壽佳、蔡育涵
內頁排版／楊思思、蔡育涵
責任編輯／王藝婷
主　　編／皮海屏
發行專員／張紜蓁
發行主任／鄭羽希
財務經理／陳碧蘭
發行經理／高世權
總編輯、總經理／蔡連壽
出 版 者／大樂文化有限公司（優渥誌）
　　地址：220 新北市板橋區文化路一段 268 號 18 樓之一
　　電話：（02）2258-3656
　　傳真：（02）2258-3660
詢問購書相關資訊請洽：2258-3656
郵政劃撥帳號／50211045　戶名／大樂文化有限公司

香港發行／豐達出版發行有限公司
　　地址：香港柴灣永泰道 70 號柴灣工業城 2 期 1805 室
　　電話：852-2172 6513 傳真：852-2172 4355

法律顧問／第一國際法律事務所余淑杏律師
印　　刷／韋懋實業有限公司

出版日期／2021 年 02 月 03 日 第一版
　　2024 年 03 月 05 日 第二版
定　　價／280 元（缺頁或損毀的書，請寄回更換）
I S B N／978-626-7422-10-6

大樂文化

大樂文化

大樂文化

大樂文化